AF383622

DELENDA GERMANIA

Saint-Amand (Cher). — Imprimerie de DESTENAY.

LA FORCE N'EST PAS LE DROIT

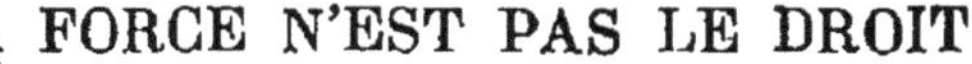

DELENDA GERMANIA

PAR

H. ENTZ

Ancien officier au 3ᵉ de Cuirassiers. Capitaine d'Etat-Major
auxiliaire au 16ᵐᵉ corps, deuxième armée de la Loire (Général Chanzy),
Chevalier de la Légion d'honneur.

PARIS
E. DENTU, ÉDITEUR
LIBRAIRE DE LA SOCIÉTÉ DES GENS DE LETTRES
PALAIS-ROYAL, 17 ET 19, GALERIE D'ORLÉANS

1871

AVANT-PROPOS

Delenda Carthago!...
Criait Caton.
Delenda Germania!...
Crie notre cœur.

La paix la plus honteuse vient de nous être imposée! Cet acte inique et sauvage a été signé!

La lourde botte allemande pèse sur notre poitrine de tout le poids des malheurs inouïs qui accablent notre Patrie.

Courage! Français, dévorons nos larmes,

travaillons avec concorde à réparer nos erreurs ; nos ennemis paieront les leurs un jour.

Recherchons avidement les causes de nos désastres, portons la lumière partout, proclamons la vérité ; seule elle peut nous sauver : puisons donc dans son sein l'enseignement sévère qui y est renfermé. Enseignement bien dur, mais qui doit être accepté par tous quels que soient notre amour-propre particulier et notre amour-propre national.

Arrière donc les susceptibilités sacriléges ! Heureux ! trois fois heureux ! celui qui, interrogeant sa conscience sur les plaies de la Patrie, peut les contempler sáns remords.

Trouver la vérité, tel est notre plus cher désir ; la dire à tous, tel est notre devoir et telle est notre volonté.

C'est à tous les cœurs français que nous nous adressons, c'est à tous ceux qui comprennent les mots d'honneur et de Patrie que nous livrons avec confiance nos réflexions.

Nous avons le ferme espoir qu'ils applaudiront à nos efforts.

Et vous, Alsaciens et Lorrains, malheureux frères séparés violemment de la Mère Patrie, votre France bien-aimée. Puissent ces lignes écrites avec la conviction profonde et le patriotisme ardent d'un cœur dévoué, rapprocher l'heure de votre délivrance et être utiles à l'avenir de notre cher Pays que l'on a pu surprendre, mais qu'il n'est donné à aucun potentat d'avilir.

DELENDA GERMANIA

CHAPITRE PREMIER

GUERRE DE 1870, SES CAUSES, QUI L'A VOULUE

Après Sadowa et la vertigineuse campagne de
1866, un cri d'effroi est parti du cœur du Gouvernement Français.

Contre toute attente, la Prusse venait de réaliser
un succès prodigieux et de dépasser le résultat prévu.
On se demandait avec anxiété où s'arrèterait son
ambition dévorante que rien, en Allemagne, ne pouvait plus balancer.

La paix fut faite; mais elle n'eut pas, pour la
France médiatrice, les avantages que l'on en avait

espérés, et M. de Bismarck, après avoir berné nos diplomates, comprit qu'un jour ou l'autre il aurait de nouveaux adversaires à combattre.

Depuis Frédéric-le-Grand, l'Empire d'Allemagne était le rêve ambitieux de la Prusse : ce rêve, que les guerres du premier empire avaient fait momentanément s'évanouir, la récente défaite de l'Autriche en faisait entrevoir la prochaine et ambitieuse réalisation.

La France, seule, faisait une ombre à ce brillant mirage; elle était l'obstacle sérieux qu'il fallait surmonter. Sans l'humiliation et sans l'impuissance de la France, pas d'empire d'Allemagne possible, telle était la conviction de M. de Bismarck.

Dès ce jour, un sentiment de défiance régna entre les deux cabinets, les relations s'aigrirent et la question du Luxembourg, qui fut presque une défaite diplomatique pour l'un comme pour l'autre, faillit faire éclater la guerre en 1867...

La lutte ne fut reculée que parce que le diplomate Prussien craignit de ne pouvoir agir avec le concours des autres Princes Allemands, que les exactions commises à Francfort et dans les autres villes hanséatiques, ainsi que les annexions accomplies en 1866, avaient fait réfléchir.

M. de Bismarck, malgré toute sa jactance victorieuse, malgré ses discours si applaudis aujourd'hui à Francfort qu'il appelle la cité de la paix et du couronnement des Empereurs d'Allemagne, malgré les savantes hâbleries qu'il débite avec succès au Parlement Allemand, fera croire difficilement à l'Europe que c'est simplement pour prémunir le Hanovre et les villes hanséatiques contre les dangers que la France leur a fait courir à toutes les générations qu'il s'est emparé, en 1866, de ces diverses principautés.

Tartuffe avait autant d'impudence ; mais moins de réussite !

O ! profondes intelligences tudesques, grisées aujourd'hui par un succès inespéré, comme l'on vous berne à votre tour et comme vous avez tiré les marrons du feu pour ce maître Raton.

Continuons notre énumération des causes de cette guerre impie.

La question du Schleswig-Holstein et l'article 5 du traité de Prague restaient suspendus sur la tête des deux nations, comme un prétexte toujours plausible, lorsque la France viendrait commencer la lutte. La Prusse avait à trouver son prétexte ; nous verrons plus loin avec quelle adresse M. de Bismarck a su le faire.

L'exposition universelle et pacifique de 1867 étala

aux yeux de l'univers les ressources et les richesses de notre pays. Il fallait être la France pour pratiquer et offrir une pareille hospitalité : ce fut une halte dans la campagne sourde qui occupait les deux chancelleries : mais elle ne ralentit en rien l'œuvre jalouse et les préparatifs secrets de la Prusse.

Grâce à ce concours industriel, la France était ouverte à tous; la Prusse en a profité pour glisser dans notre pays des myriades d'espions qui, sous toutes les formes, sous le manteau de toutes les professions, inondèrent la France, se fourrèrent partout et adressèrent de toutes parts des rapports sur notre état militaire, industriel et agricol.

Un bureau, organisé à cet effet au ministère de la guerre à Berlin, sous la direction du général Blumenthal, centralisait les rapports et les levées topographiques qui devaient ensuite servir aux cours de l'état-major Prussien.

La Prusse, après avoir usé et abusé de notre hospitalité, après avoir mangé notre pain, faisait prendre et emportait l'empreinte de nos serrures.

Tous les moyens devaient lui paraître bons pour atteindre son but qui était la ruine de notre Patrie : ses agents secrets, dans toutes les occasions, servaient activement et aidaient à fomenter des troubles intérieurs. Elle s'efforçait de paralyser les forces vives de la France et d'y semer l'émeute et la révolution.

L'Empire était déjà fort discuté en France, les élections de 1869 au Corps Législatif avaient été laborieuses et étaient significatives : la révolution couvait et se préparait lentement, le moment semblait propice : la Prusse cherchait à en profiter.

En effet, une révolution en France écartait toute pensée de guerre au dehors, les esprits fortement préoccupés par les événements intérieurs en seraient difficilement distraits.

Pendant ce temps, il serait possible de faire oublier 1866, de faire croire aux peuples Allemands que c'est pour leur plus grand bonheur que la Prusse les a battus et asservis : que, grâce à cette bienveillante correction, ils se trouvent assurés aujourd'hui contre toute invasion française, spectre que l'on fait sans cesse miroiter à leurs yeux.

Les irritants souvenirs de Napoléon Ier, évoqués à propos, ranimeraient de vieux levains de haine qui n'étaient pas encore complètement éteints. Lorsque le moment favorable serait venu, lorsque l'Allemagne serait suffisamment travaillée et que le Roi de Prusse serait tout à fait pour elle un nouveau Messie; déclarer la guerre sous un prétexte quelconque, jeter sur le sol Français toute l'armée Allemande, provoquer la révolution à Paris, tel était le double plan de la Prusse.

Le Plébiscite du 8 mai 1870 sembla ruiner l'espoir de faire une révolution en France. Le Gouvernement Prussien n'eut plus qu'à se préparer à la guerre et à rechercher le moyen de se la faire déclarer. N'ayant aucun grief plausible pour motiver une agression contre la France; il lui fallait trouver dans les roueries diplomatiques ce que le droit et le bon sens lui refusaient.

Que faisait le cabinet Français pendant ce temps?

Il ne faisait rien : ou plutôt il se cachait la vérité et se refusait à l'évidence, par crainte de voir le véritable état de la situation.

La France, par elle-mème, n'avait aucun intérêt à faire la guerre à la Prusse. Il n'en était pas ainsi de son gouvernement.

Les échecs diplomatiques de 1866 et de 1867 pesaient encore dans le souvenir des ministres français. Malgré le résultat du Plébiscite, les intérêts dynastiques napoléoniens étaient mal assurés. Le Chef de l'Etat sentait quelle guerre sourde lui faisait la Prusse, il se préparait lentement, en tant qu'il le croyait du moins, à la combattre dès qu'il serait prêt. Sa faute, dans cette circonstance, fut de ne pas connaître la vérité sur l'état militaire de l'Allemagne et de s'aveugler sur celui de la France; de ne pas tenir compte de la haine, soigneusement entretenue, qui existait de l'autre côté du Rhin pour le nom Français; de ne pas comprendre enfin, qu'il était bien plus facile à M. de Bismarck de faire une croisade Allemande contre la France, qu'à lui, Napoléon III, de diviser l'Allemagne et de faire battre le Sud contre le Nord pour un Napoléon.

Toutefois, les souvenirs du passé, les craintes du présent et les intérêts dynastiques de l'avenir, mettaient le Gouvernement Français dans une position telle qu'une guerre extérieure était une diversion nécessaire : il s'agissait de la bien préparer et de la bien faire. Une gloire nouvelle sanctionnerait le Plébiscite, cimenterait le trône et consoliderait l'héritage dynastique du Prince Impérial.

La Prusse était parfaitement au courant de cette situation, aussi résolut-elle de devancer le Gouvernement Français. C'est ainsi que surgit fort à propos l'incident Hohenzollern et l'acceptation de la Couronne d'Espagne par un membre de la famille royale de Prusse.

Ce fut tout simplement une querelle d'Allemand.

M. de Bismarck était prêt, tous ses fils étaient tendus, ses réponses à la diplomatie européenne étaient préparées, le Sud de l'Allemagne était convenablement travaillé : avec de l'audace, en se pressant et en montrant bien les choses aux dissidents de 1866 ils feraient cause commune avec la Prusse.

C'est ce qui arriva.

Nous ne voulons pas fouiller les cahiers diplomatiques de l'année dernière ; ce sont des tournois de mensonges et de fourberies qu'il ne nous convient pas de relater ; pour nous il résulte évidemment ceci :

Les Gouvernements Français et Prussiens étaient dans l'intention de se faire la guerre, tous deux dans des vues différentes la désiraient également et avaient intérêt à la faire.

Le Gouvernement Français avait un motif plausible à mettre en avant lorsqu'il serait prêt : mais il ne l'était pas.

Le Gouvernement Prussien était prêt, lui ! mais n'ayant aucun grief raisonnable à alléguer, il se trouvait ainsi sous le coup du bon vouloir de son adversaire qui ne marcherait que lorsque ses préparatifs seraient terminés ; c'est-à-dire un an ou deux plus tard.

M. de Bismarck eut l'astucieuse adresse de brusquer les choses et de trouver un prétexte pour rendre le conflit inévitable.

Au mois de Juillet 1870, le Gouvernement Français, insulté dans la personne de son ambassadeur, déclara la guerre à la Prusse.

Grâce aux mensonges officiels de M. de Bismarck qui fit croire que le Roi de Prusse avait été insulté par l'Ambassadeur français quand le contraire était arrivé; grâce à la haine portée au nom Français, les Confédérations du Nord et du Sud furent les alliées de la Prusse.

Ce fut en Allemagne une guerre nationale et, cela est bien triste à avouer, ce fut à peu près la même chose en France.

Notre orgueil national, qui devait être soumis à de si rudes épreuves, ne pouvait admettre la défaite du drapeau français, jusque-là victorieux. Nous ignorions la situation véritable de notre armée et notre caractère aventureux nous faisait rêver de nouvelles gloires.

CHAPITRE DEUX

LA FRANCE MILITAIRE EN 1870

La France avait en 1870 : 350,000 hommes sous les armes, 250,000 hommes de réserve, anciens militaires, et environ 350,000 hommes de gardes mobiles non organisés.

La loi militaire du 1er février 1868, en voie d'exécution, n'avait pas encore produit les résultats qu'on avait lieu d'en espérer.

Les régiments étaient épars sur tout le territoire en France et en Algérie ; toutes les réserves se trouvant dans leurs foyers, les effectifs des corps étaient fort faibles.

La garde nationale mobile était encore à organiser partout ; et, les rares départements où un semblant d'organisation avait eu lieu, allaient devenir prochainement le théâtre de la guerre.

L'artillerie était la même qu'en 1859, sauf une invention nouvelle, la mitrailleuse qui restait cachée à tous les regards et dont l'usage ne fut bien connu qu'à la fin de la campagne.

Le nombre de nos pièces, par mille hommes, n'avait pas été augmenté.

Avec ces ressources, qu'il fallait pouvoir concentrer rapidement, la France restait dans une grande infériorité numérique vis-à-vis de son adversaire.

Les places fortes n'étaient pas armées ou avaient à peine l'armement dit de sûreté.

Aucun approvisionnement.

Aucune mesure préparatoire.

Tout était à improviser.

Voici quelle était la situation matérielle.

Quelle était maintenant la situation morale?

L'esprit militaire en France, en 1870, n'existait plus que dans l'armée exclusivement; et encore y était-il fort affaibli.

Dans la nation il se résumait en un mot :

Le désarmement :

Dans toutes les classes de la société, dans tous les rangs, il n'était qu'un vœu, qu'un terme pour le rendre :

Le désarmement.

La tribune, la presse, tous les organes publics n'avaient qu'une expression :

Le désarmement.

Le recrutement enlevait des bras à l'industrie, à l'agriculture, etc., etc.

L'impôt du sang, qui est le devoir le plus noble qu'un jeune homme puisse remplir, n'était plus regardé que comme une corvée déshonorante et indigne, à éviter, par tous les moyens possibles, à prix d'argent ou autrement.

Les jeunes gens appelés par la loi n'avaient plus qu'une pensée, qu'un désir :

S'y soustraire.

Heureux celui qui pouvait obtenir la protection d'un député !...

Les Maires des communes de France ne se refusaient jamais à établir, pour les fils de leurs administrés, des certificats de soutien de famille (certificats N° 5) que les Préfets légalisaient sur la prière des Députés officiels, officieux ou autres qui les appostillaient avec joie et se faisaient ainsi de la popularité aux dépens du pays.

Quel est le Général et surtout quel est le Colonel qui n'a pas reçu des centaines de lettres et de certificats de complaisance légalisés et appostillés, pour renvoyer, sous des motifs spécieux, et à titre de soutien de famille, nombre de jeunes soldats dans leurs foyers?...

Lors de la création d'une nouvelle loi militaire, en 1868, loi présentée et soutenue par le maréchal Niel, alors ministre de la guerre (qui seul à la chambre avait conscience de la formidable puissance de l'Allemagne), que de tracasseries? Et, lorsqu'il cherchait à faire de cette loi une loi sérieuse au point de vue militaire? que d'obstacles n'a-t-il pas eu à surmonter pour faire voter une loi incomplète?

Que de discussions sur de pauvres chiffres de détail?

Puis, lorsqu'arriva, à son tour, la création de la garde nationale mobile, que de récriminations de toutes parts?

La France encasernée! s'est écrié un illustre membre de la gauche, hier encore, ministre des affaires étrangères, M. Jules Favre, qui n'a pas personnellement voté la guerre, il faut lui rendre cette justice.

Le contingent, de 1870, n'avait-il pas été réduit à 90,000 hommes au lieu de 100,000? et, cette concession, faite à la rage du désarmement, ne devait-elle pas faire loi pour l'avenir?

Aveugles que nous étions! le désarmement, ce

n'était pas en France qu'il fallait le prêcher, c'était en Prusse et en Allemagne.

Nous avons mis en action la fable des loups et des brebis.

Si l'on eut écouté certains organes du pays nous aurions eu un poste douane à opposer aux 1,200,000 hommes qui ont envahi notre sol.

D'autres considérations politiques motivaient ce désir de supprimer l'armée et la faisaient attaquer par beaucoup de citoyens.

L'armée, il faut en convenir, était regardée avec raison comme le soutien le plus fort de la dynastie des Napoléon.

Elle avait réalisé le coup d'Etat du 2 décembre 1851.

Elle était la victoire vivante de la force contre le droit : Il fallait la combattre.

Pour tous ceux qui rêvaient de rendre la France à elle-même, elle était un danger permanent qu'il fallait annihiler.

Quant aux Députés appostillant les certificats de complaisance, ils ne regardaient pas aussi loin; la loi militaire était simplement pour eux un obstacle qui ne leur permettait pas de donner satisfaction à toutes les demandes de leurs électeurs et contrariait quelquefois leur candidature.

C'était sans contredit une loi bien fàcheuse.

Le Gouvernement lui-même, sans y prendre garde, aidait aveuglement à l'affaiblissement de l'armée. Pour éviter les attaques de la gauche du Corps Législatif, pour équilibrer le budget de la guerre, il réalisait des économies nuisibles : de nombreux congés de semestre étaient accordés, beaucoup d'hommes restaient dans leurs foyers une grande partie du temps qu'ils auraient dû passer sous les drapaux, de là des effectifs par trop réduits, une instruction militaire incomplète et de désastreuses habitudes d'indiscipline constamment contractées.

Voici pour la nation.

Etudions maintenant les causes qui ont affaibli l'esprit militaire dans l'armée et qui y ont amené l'indiscipline, une des causes de nos désastres.

L'affaiblissement de l'esprit militaire dans l'armée date de l'Empire et de la formation de la Garde Impériale.

Les organisations hâtives et les créations inconsidérées comportent avec elles un vice radical : c'est le remaniement des cadres.

Un principe militaire, dont il faut se départir le moins possible, est celui-ci :

« L'organisation étant terminée, ne jamais tou-
« cher aux cadres. »

Si l'on est forcé d'y porter la main, que ce soit avec la plus grande circonspection et avec une gradation sagement proportionnelle; autrement, l'on porte une grave atteinte à l'eprit militaire, à l'esprit de corps et l'on déconsidère les degrés hiérarchiques.

Qu'est-il arrivé en 1854?

La mise sur le pied de guerre de toute l'armée, la formation de la Garde impériale, les augmentations du nombre des escadrons et des compagnies par régiment, ont forcément amené la création subite de nombreux emplois : de là un avancement instantané et hors de toute mesure qui a épuisé les ressources des corps au point de vue du renouvellement des cadres et a amené une perturbation générale.

Quelques mois après, la mise sur le pied de paix mettait une partie des emplois à la suite et, lorsque ce trop plein était écoulé, une nouvelle guerre ramenait un avancement rapide qui était toujours payé plus tard.

C'était enfin une série d'à-coups et de cascades au moyen desquels les saines traditions se perdaient, qui portaient de graves atteintes aux vertus militaires et avaient pour le moral de l'armée les plus funestes conséquences.

Tel sujet médiocre arrivait à un avancement inespéré grâce à un tour favorable de la roue.

Tel autre sujet distingué croupissait à attendre parce que son étoile ne l'avait pas amené au bon moment.

Il est facile, cet ordre de chose reconnu, d'en déduire les effets naturels.

Pour beaucoup, la question d'avenir était tout simplement une question de hasard où le mérite devait fort peu compter.

Se laisser aller, prendre patience, ne pas se faire de bile était le nec plus ultrà de la vertu militaire.

Plus d'enthousiasme !

Pour d'autres, plus ambitieux, tous les moyens de parvenir étaient honorables du moment où le succès les justifiait. Ils étaient de leur époque, où tout était donné à la protection.

Heureux ! celui qui avait du piston (c'est l'expression consacrée) il ne restait pas en arrière, ou pouvait faire respecter des droits acquis :

Malheureux ! celui qui n'était connu d'aucun personnage influent il devait s'attendre à tous les passe-droits et à tous les déboires.

L'avancement, au lieu d'être un concours pour le mérite, devenait simplement un but à atteindre, et au lieu de susciter de nobles émulations il n'éveillait souvent que les mauvaises passions. Ne pouvant passer debout, l'on passait courbé et quelquefois très-bas.

Très-peu digne tout cela, mais la conséquence forcée des lois sur l'avancement en vigueur jusqu'ici.

Les esprits les plus sains avaient peine à se défendre de la contagion, ils étaient quelquefois placés dans la triste alternative ou de composer avec leur dignité ou de se voir préférer des concurrents indignes ; quelques-uns sortaient à leur honneur de cette lutte pénible : c'était le petit nombre.

La vérité, d'ailleurs, n'était plus connue dans l'armée, jeter de la poudre aux yeux, ne pas être, mais paraître, tel était le grand art.

Un rapport, au lieu d'être le rendu compte exact des faits accomplis ou l'expression fidèle d'une conviction acquise, n'avait, le plus souvent, pour but unique que de rencontrer et de flatter la manière de voir du supérieur à qui il était destiné.

C'était un moyen fort simple d'éviter les observations et de mériter une bonne note.

Telle mesure ordonnée par le ministère était-elle éludée ? un rapport favorable arrivait néanmoins à la date indiquée, etc., etc.

En 1867, par exemple, M. le maréchal Niel, alors ministre de la guerre, persuadé que les succès de la

Prusse, l'année précédente, avaient pour principale
cause l'instruction solide et étendue des officiers
Prussiens, réunit au ministère une commission composée d'officiers supérieurs d'état-major et de toutes
les armes à l'effet de faire des canevas de conférences comprenant toutes les branches de l'art militaire.

Ces ouvrages envoyés dans tous les régiments,
devaient y être étudiés et commentés par tous les
corps d'officiers.

Les opinions écrites devaient être recueillies et une
commission renouvelée à tour de rôle devait être
chargée de centraliser, dans chaque régiment,
les travaux de tous et d'en faire un rapport col-
lectif.

Ces exercices ne pouvaient, sans contredit, qu'a-
voir une influence très-salutaire sur l'instruction et
l'éducation militaires de chacun ; ils forçaient beaucoup d'officiers indolents à travailler et à rechercher des données ou des préceptes oubliés ou inconnus.

Les instructions ministérielles furent, comme toujours, fort mal suivies.

Les conférences, au lieu d'être des cours intéres-
sants et instructifs, furent regardées comme d'en-
nuyeuses réunions.

C'était à qui esquiverait la rédaction des rapports.

L'esprit d'initiative, auquel de semblables travaux faisaient appel, était paralysé par la pression hiérarchique.

Si, par exception, quelqu'esprit travailleur, prenant la chose au sérieux, s'ingéniait à rechercher des améliorations et à signaler des abus évidents, il en était pour ses frais d'étude.

Pour qu'une idée de progrès fît son chemin il lui fallait procéder d'en haut.

La vérité restait enfouie et lorsque, par hasard, elle arrivait aux régions supérieures elle n'avait aucune créance, témoin les rapports du colonel Stoffel et les lettres du général Ducrot qui, cependant, disaient bien la vérité sur la puissance militaire de la Prusse.

Le respect n'était plus qu'apparent dans tous les degrés de la hiérarchie : Un ordre était-il donné? Qu'aussitôt il était discuté par tous.

Le soldat discutait son sous-officier, le sous-officier discutait son officier, celui-ci discutait ses supérieurs, il n'y a pas à le nier, nous nous en rapportons à la bonne foi de tous.

Le sentiment du devoir disparaissait tous les jours.

A mesure que l'on montait, la recherche du bien-
être engendrait, dans les rangs supérieurs, la sensualité et la paresse.

La recherche du *chic* engendrait la frivolité dans
les rangs inférieurs.

L'amour du métier était éteint, quelques rares officiers seuls en avaient conservé une étincelle.

Les vertus militaires étaient perdues ou mécon-
nues.

Voilà la vérité, elle est dure, mais elle est vraie !

Il ne faut pas jeter la pierre à l'armée et la rendre responsable de cette décadence morale, ce serait
une criante injustice.

L'armée, partie inhérente de la nation, supportait
simplement le contre-coup des événements, elle était
un reflet fidèle des idées du temps qui s'identifiaient
avec elle.

Lorsqu'une profession n'est plus considérée ou
bien lorsqu'elle est l'objet d'attaques continuelles,
ceux qui l'exercent la prennent en dégoût.

Lorsque le mérite doit céder le pas à la faveur, le
mérite se décourage.

Lorsque l'avenir de nombreuses et jeunes intelligences est à la disposition du hasard, elles recher-
chent une autre carrière.

La preuve en est dans le nombre sans cesse dé-

croissant des candidats à l'école militaire, dans l'a-
baissement graduel du niveau des examens et dans
les regrets tardifs de ceux qui, en étant sortis, mau-
dissaient plus tard la fatale inspiration qui les avait
poussés dans l'armée.

L'indiscipline s'était glissée dans les rangs depuis
de longues années, chacun, par une fatalité incon-
cevable, avait apporté sa quote-part aux causes de
nos désastres.

Les guerres d'Afrique avaient amené, dans la tenue, un laisser-aller qui a défrayé pendant longtemps les marchands de gravures et les journaux
pour rire.

L'ivrognerie était le vice le plus généralement répandu.

Le chapardage, qui n'est qu'une maraude intelligente, était glorifié et, en campagne, empêchait de
dormir les jeunes imaginations.

Plus tard, lorsque vint l'Empire, une fausse pa-
ternité se fit jour aux dépens de la discipline et de la
soumission aux devoirs.

On craignait de mécontenter le soldat, soit par
des exercices trop longs ou trop fréquents, soit
par les revues hebdomadaires prescrites par le régle-
ment.

Beaucoup des obligations étaient négligées et lorsque les circonstances en firent sentir le besoin impérieux, il était trop tard pour les rétablir, le souvenir en était perdu.

Les punitions justement infligées étaient souvent désapprouvées; on hésitait à punir le soldat qui en profitait pour apporter le moins de soin possible à accomplir son devoir.

On cherchait à faire paraître l'armée comme fort disciplinée, et l'on faisait tout ce qui était nécessaire pour y amener l'indiscipline.

La presse semait dans les chambrées des levains de désobéissance et de rébellion. Tout ce qui combattait l'Empire encourageait cette tendance désastreuse.

N'avons-nous pas vu un Député, qui depuis a été Ministre de la guerre et Membre de la Délégation, M. Gambetta, qui devait éditer plus tard cette mesure draconienne que l'on nomme la loi martiale, ne l'avons-nous pas vu interpeller, quelques mois auparavant, à la chambre, le Ministre de la guerre d'alors, au sujet d'une punition disciplinaire infligée à deux soldats?

N'avons-nous pas vu une souscription réaliser douze mille francs en faveur de deux soldats, plus fidèles au club qu'à la caserne; et, en récompense de leur zèle, les exonérer du service qu'ils devaient rendre à leur patrie?

O tempora ! o mores ! crierait Cicéron.

Tous ces faits déplorables, joints à l'action dissolvante de la politique, tuaient la discipline et la force vive du pays.

La situation morale de l'armée pouvait se résumer ainsi :

Indifférence et sensualité dans les rangs supérieurs.

Dégoût et frivolité dans les rangs inférieurs.

Indiscipline et mauvaise volonté chez les soldats.

C'est avec de semblables éléments, avec une administration désastreuse par ses lenteurs et son incapacité que nous nous sommes préparés à la lutte.

Une terrible leçon nous était réservée, elle ne se fit pas longtemps attendre.

CHAPITRE TROIS

ALLEMAGNE MILITAIRE EN 1870

L'Allemagne pouvait, en peu de jours, mettre sur pied 1,200,000 hommes.

Depuis de longues années, son organisation militaire lui assurait des réserves puissantes.

Toute la nation était militarisée.

Ses corps d'armée, constamment organisés, se recrutaient chacun dans une province où ils trouvaient sur les lieux, matériel, artillerie, accessoires, etc., etc.

Son artillerie, considérablement augmentée, était bien supérieure à la nôtre, comme nombre, comme portée, comme vitesse et comme précision de tir.

Sa cavalerie était excellente.

L'impulsion autocratique donnée à toutes les armes et à tous les rangs de cette nombreuse armée ; une discipline indiscutable et indiscutée en faisaient une puissance militaire fort redoutable.

Les qualités essentiellement militaires y étaient poussées à l'excès ; elles compensaient et au-delà ce que les soldats Allemands pouvaient avoir d'inférieur aux nôtres comme valeur individuelle.

L'intelligence prévoyante et pratique apportée à tous les détails minutieux de son organisation, assurait tous les besoins. En un mot, l'Allemagne s'était préparée à la guerre, elle était prête, elle nous l'a prouvé.

Les nombreux et précieux rapports de ses espions avaient parfaitement renseigné l'état-major Prussien sur nos forces et sur nos ressources.

Le plan mûri par M. de Moltke et caressé pendant de longues années allait enfin être mis à exécution.

Trois armées allaient inonder notre sol et prendre les grandes voies tracées par l'invasion de 1814 : leur objectif était Paris.

La France ne se doutait pas de la puissance de l'ennemi qu'elle avait à combattre, elle n'était pas prête, il s'en fallait du tout au tout, et toute son énergie réveillée par le danger ne pouvait compenser l'absence des vertus militaires qu'elle avait laissé perdre. Elle ne pouvait improviser des ressources sérieuses : les premiers revers devaient forcément l'abattre.

D'ailleurs son illusion durait toujours, le réveil devait être terrible.

CHAPITRE QUATRE

I

LES BELLIGÉRANTS

La Guerre est déclarée.

L'Empereur des Français, dans son manifeste, appelle les peuples Allemands à l'indépendance, il ne fait la guerre qu'à la Prusse, il ne la fera qu'à ses alliés.

Le Roi de Prusse fait la guerre à l'Empereur Napoléon III et à son armée, il ne la fait pas au peuple Français, il respectera les personnes et les propriétés.

Prenons acte de ces paroles, nous en constaterons la valeur.

La France et la Prusse forment et concentrent leurs armées de chaque côté du Rhin qui leur sert mutuellement de barrière.

Pour la France, il s'agissait de rassembler promptement ses armées à Metz et à Strasbourg, de les réunir ensuite en un tout organisé, de passer le Rhin et de forcer les Etats du Sud de l'Allemagne à garder la neutralité.

Pendant ce temps, notre flotte arrivée dans la Baltique et menaçant les côtes du Nord de la Prusse d'un débarquement ferait une diversion utile qui nous permettrait de nous porter au-devant des Prussiens sans un désavantage numérique trop grand.

Pour réussir il fallait aller vite.

Le plan de la Prusse était naturellement tout opposé. Rassembler promptement la nombreuse armée de la Confédération du Nord, amener le Sud et le forcer à se joindre à Elle, passer le Rhin, faire attaquer, de deux côtés à la fois, nos corps d'armée disséminés et les empêcher de se réunir.

Dans ces circonstances, la supériorité de l'organisation Prussienne sur la nôtre lui permit facilement de nous gagner de vitesse, malgré toute l'activité qui fut déployée en France.

Parmi les vices les plus nuisibles de notre organi-

sation, qui se firent vivement sentir alors, il faut signaler la rage de la centralisation.

Ainsi, tout le matériel, tous les accessoires de
campement tels que voitures, parcs, équipages de
pont, etc., etc. se trouvaient réunis dans de vastes
établissements au lieu d'être, à la portée des corps,
sur tous les points du territoire.

Notre administration paperassière, qui se figure
toujours qu'elle est l'objet d'envie de l'Europe (style
officiel), n'a jamais sû se mettre à la hauteur des
événements et des besoins.

Elle a suivi consciencieusement ses funestes errements.

Pour l'appel des réserves, par exemple, il y a eu
en France 250,000 hommes qui, pendant huit jours,
ont erré sur les chemins de fer du Nord au Midi, de
l'Est à l'Ouest à la recherche de leurs régiments, et
qui, ayant rejoint leur dépôt respectif, étaient ensuite renvoyés à la partie mobilisée à l'autre extrémité du territoire.

Et tutti quanti!...

Les approvisionnements étaient accumulés à Paris,
à Lyon, au camp de Châlons.

Les voies ferrées ne pouvaient suffire à tous ces
transports. C'est une grande illusion de croire qu'une
armée peut être entièrement réunie par le chemin

de fer, si ce service n'a pas été préparé et régularisé longtemps à l'avance.

Le matériel de traction, malgré le concours de toutes les Compagnies, était insuffisant et il il fallut aménager et affecter des wagons à bestiaux au transport des troupes.

Dans les circonstances les plus impérieuses, aucune initiative ne fut laissée aux Chefs de Corps et aux généraux pour parer aux nécessités du moment.

Il fallait toujours en référer au ministre; et, sans autorisation ministérielle, point de salut.

Nous arrèterons là, quant à présent, l'énumération des fautes commises, résultant d'un ordre de choses vicieux dans son essence, nous réservant toutefois de les combattre au livre de l'organisation militaire future.

Quoiqu'il en soit, et malgré tous les retards, avec les moyens en vigueur et avec les ressources du moment, il était difficile de faire mieux qu'il n'a été fait.

Du moment où la guerre fut résolue, aucun instant n'a été perdu en France, tout ce qu'il était possible de faire a été fait, et les vices adhérents à notre administration empêchèrent seuls le succès de nos efforts.

La Prusse fut prête bien avant nous.

Elle réunit les forces de toute l'Allemagne Nord et Sud et débouchant par la Sarre, elle surprit nos armées au milieu de leur formation.

Il n'entre pas dans le cadre de cet ouvrage de comprendre le récit des faits militaires de la campagne; ces faits s'imposent d'eux-mêmes.

Les résultats désastreux, qu'il nous faut enregistrer, sont les conséquences forcées des hommes et des choses.

Notre tàche se borne à apprécier moralement tous nos malheurs, à en faire ressortir les causes et à rechercher le remède.

Dès le début de la campagne, les corps d'armée français furent disséminés sur une grande ligne de frontière pour faciliter leur formation : cette disposition, déplorable en ce qu'elle ne leur permettait pas de s'appuyer et de se soutenir promptement en cas d'attaque, rendait aussi les Chefs des Corps d'armée trop indépendants les uns des autres.

Il aurait fallu, dès le début, former deux ou trois armées sous le commandement en chef des Maréchaux de France avec des Généraux de division pour commander, sous leurs ordres, les différents Corps d'armée.

La hiérarchie et le commandement doivent être

indiscutables dans une armée et c'est surtout devant l'ennemi qu'ils doivent être indiscutés.

Il n'est pas bon que des personnalités jalouses ou ambitieuses puissent se faire jour et neutraliser les plus nobles efforts.

Lorsque la France a tiré son épée, tous ses enfants, à quelque rang qu'ils appartiennent, ne doivent plus avoir qu'une pensée : son salut et sa gloire; lui préférer un intérêt personnel, la rendre victime d'une rivalité jalouse, c'est plus qu'un crime, plus qu'une trahison, c'est un sacrilége !

L'impulsion doit venir tout entière du Chef suprême, les Chefs secondaires doivent rivaliser de zèle pour l'exécution.

La fraternité d'armes doit être complète entre eux : la louable et noble émulation est l'envie des belles âmes, la basse jalousie est l'envie des crétins.

Après Freischwiller et Spiéckeren, le rôle offensif était impossible à l'armée Française. C'est alors que se produisirent des hésitations funestes.

Le Chef de l'Etat voulait faire replier l'armée sur e camp de Châlons, y recueillir les restes du corps d'armée du Maréchal de Mac-Mahon, les corps de Failly et Douai et y attendre les Prussiens.

Un échange de dépêches de Paris au quartier

impérial vint contrecarrer ce plan et en empêcher l'exécution.

Eh bien! cela est pénible à constater, personne dans les régions gouvernementales ne se trouvait à hauteur des circonstances.

Le commandement était paralysé, et nous avons vu un Maréchal de France, M. de Mac-Mahon, c'est-à-dire la gloire militaire la plus pure de notre époque, recevoir des ordres et des contre-ordres de la régence de Paris. Il fallait une bien grande abnégation et un bien grand patriotisme pour accepter une semblable position qui n'avait sa raison d'être, que par l'impossibilité de résigner un commandement après une défaite et en face de l'ennemi.

Toutefois, il est de principe que lorsqu'on assume sur soi tout le poids d'un commandement, de commander entièrement et de pouvoir assurer sa responsabilité sans obstacle.

Les tergiversations, dans le succès, en annihilant les effets; dans les revers, elles en doublent les dangereuses conséquences.

C'est ce qui arriva.

D'hésitations en hésitations, de fautes en fautes, une armée fut enfermée sous Metz, et l'autre, après deux combats meurtriers et une bataille sanglante, fut jetée, le troisième jour, dans Sedan, d'où elle ne pouvait sortir qu'au moyen d'une capitulation.

Nous croyons de notre devoir de faire justice d'erreurs généralement répandues, au sujet de la capitulation de Sedan, que la presse et l'opinion publique ont si précipitamment qualifiée.

II

SEDAN

La journée de Sedan fut le seul succès stratégique obtènu véritablement par les Allemands et encore leur a-t-il coûté bien cher.

Le mouvement ordonné au Maréchal de Mac-Mahon par le Conseil de Régence de Paris de marcher sur Metz, en s'appuyant sur les places fortes des

Ardennes, était en stratégie une faute grossière en ce sens, qu'elle forçait le Maréchal à exécuter, avec une armée mal reformée, une marche de flanc de 50 lieues, devant deux armées Prussiennes qui guettaient le moment favorable de l'attaquer simultanément, en tète et en queue, et de l'acculer à la Belgique, Etat neutre.

Cela est tellement authentique que, l'ordre du jour Allemand du 30 août, portait injonction de poursuivre les Corps Français sur le territoire Belge dans le cas où, s'y réfugiant, ils n'y seraient pas immédiatement désarmés.

Forcer l'armée du Maréchal de Mac-Mahon à renoncer à sa jonction avec celle de Metz et la faire rétrograder sur Sedan, c'était lui faire accepter la bataille dans une position mortelle.

Tel a été le résultat des manœuvres des armées du Prince Royal de Prusse et du Prince Royal de Saxe.

Voici quelques détails historiques :

Le 30 août au matin, l'armée Française se disposait à traverser la Meuse sur deux points différents.

Le 1er et le 7me corps sur un pont de bateau à Remilly, le 5me corps sur le pont de Mouzon que le 12me avait traversé la veille au soir.

Le 5me corps (de Failly) qui devait passer le dernier, se laissa surprendre à Beaumont par le Prince Royal de Saxe qui le rejeta sur Mouzon et lui disputa le passage de la Meuse.

Une brigade du 12me corps envoyée pour le soutenir fut entraînée dans le mouvement de cette retraite précipitée, pour ne pas dire de cette débandade, qu'elle ne put contenir, bien qu'elle fît alors bravement son devoir.

Les débris du 5me corps, cavalerie, infanterie, arrivèrent en partie la nuit même du 30 au 31 août à Sedan où ils furent campés dans les fortifications de la Place.

Le 1er corps, malgré les difficultés du passage de la Meuse à Rémilly, arriva à Carignan à 6 heures du soir.

Le 7me corps qui suivait, talonné par les Bavarrois, éprouva de plus grandes difficultés. Le désordre se mit dans ses troupes dont une partie se replia sur Sedan, le long de la rivière.

Ce désastreux passage de la Meuse força le Maréchal de Mac-Mahon, qui comptait le lendemain matin être à Montmédy, de rétrograder de Carignan sur Sedan où toute l'armée arriva le 31 dans la matinée et pendant toute la journée.

Dès le 31 au matin, un officier général Prussien vint en parlementaire demander la reddition de la

Place ; en faisant ressortir les difficultés de la défense et les malheurs qu'elle occasionnerait à une ville aussi industrielle.

Cette demande fut repoussée avec indignation.

Sedan est une petite ville, mal fortifiée, dominée de tous les côtés, et ne pouvant être que d'un faible secours à une armée en partie démoralisée.

Toutefois les corps d'armée se réorganisèrent :

Les 1er et 12me corps intacts, le 7me affaibli et le 5me réduit de moitié.

En tout environ 95,000 combattants.

L'Empereur Napoléon III adressa une dernière proclamation à son armée.

Les armées du Prince de Saxe et du Prince Royal de Prusse convergeaient sur Sedan pour y entourer l'armée Française.

Le Prince de Saxe se rapprocha de la Meuse, en face de Bazeilles, après avoir échangé, avec le 12me corps Français, une vive canonnade à Remilly.

L'armée du Prince Royal de Prusse, dans la vallée de Bar, affluant à la Meuse, se disposait à traverser la Meuse à Donchery et à joindre l'armée française autour de Sedan, du côté opposé.

Les hauteurs de La Marfée, situées en face de la

4*

ville, où l'armée Prussienne installa de formidables batteries reliaient les deux armées ennemies et flanquaient leurs attaques.

Un corps considérable, de réserve, Allemand, composé d'artillerie, d'infanterie et d'une nombreuse cavalerie coupait toute communication avec Mézières.

L'armée Française autour de la ville, de l'autre côté de la Meuse, formait un demi cercle dont la Meuse était la corde.

Aucune ligne de retraite.

La ville. mal armée, commandée par les hauteurs de La Marfée couronnées de batteries ennemies, était encombrée par les convois, les parcs d'artillerie et tous les impedimenta d'une armée en retraite.

Les Allemands comptaient environ 230,000 hommes, et de 800 à 900 bouches à feu.

La retraite, vers l'Est ou vers l'Ouest, était impossible à l'armée Française : il lui fallut accepter la bataille dans une position désespérée.

Les seules chances de salut étaient :

1° Battre en retraite sur la Belgique où, si elle n'était pas immédiatement désarmée et internée, les troupes Allemandes la suivraient.

2° Marcher sur Mézières toute la journée du 31 août, ce qui était fort hasardeux :

En effet, pour gagner Mézières, il fallait exécuter une marche de flanc par une voie unique (chemin de grande communication qui relie Sedan à Mézières sur la rive droite de la Meuse), au risque de rencontrer l'ennemi déjà maître des défilés dont cette route est composée.

Personne ne se dissimulait toute la difficulté d'une semblable entreprise.

L'armée Française accepta la bataille le 1er septembre et la soutint héroïquement toute la journée.

S'il y eut des défaillances, elles eurent lieu dans de nouveaux régiments de marche, formés des 4mes bataillons de différents corps, bataillons presqu'entièrement composés d'hommes n'ayant de soldat que le nom et l'uniforme, qui, pour la plupart, n'avaient pas encore tiré un coup de fusil.

Mais les 1er, 12me et 7me corps, ainsi que ce qui restait du 5me, firent bravement leur devoir et infligèrent à l'ennemi des pertes dont il se souviendra longtemps.

Il n'y a qu'à consulter, à ce sujet, la société Belge qui, pendant trois mois, a brûlé les cadavres entassés autour de Sedan, dans un rayon de deux lieues, pour désinfecter la contrée.

Cette société connaît les pertes et les efforts des deux armées que les morts lui ont appris.

Elle sait si la capitualation de Sedan a été une lâcheté ou le désespoir d'une armée déjà éprouvée, accablée par le nombre et par une artillerie écrasante.

Comme si toutes les causes de désastre s'étaient réunies pour accabler cette malheureuse armée Française, que l'entêtement et les sottises de la Régence de Paris, avaient amenée dans cette impasse mortelle, le matin de la bataille, vers 6 heures, le Maréchal de Mac-Mahon fut grièvement blessé par un éclat d'obus. Il remit alors le commandement au Général Ducrot qui connaissait ses intentions.

Ce Général paraissait vouloir tenter un effort désespéré, du côté de Mézières, pour percer le cercle qui se rétrécissait autour de l'armée, lorsque le Général de Wimpfen, comme le plus ancien de grade et possesseur d'une lettre de service émanant du Ministre de la guerre, vint prendre le commandement.

Le temps perdu en ordres et en contre-ordres par suite de cet échange de commandement, dans un moment aussi critique, enleva à l'armée toute chance de salut.

L'Empereur s'était porté sur le champ de bataille

dès le matin et avait parcouru les positions du 12me corps qui se maintenait, quoique fortement engagé. Après être resté 5 à 6 heures sur le champ de bataille, l'Empereur rentra en ville pour chercher à voir le Maréchal de Mac-Mahon.

La ville offrait un spectacle déplorable, la circulation était déjà impossible dans ses rues étroites où pleuvaient les obus.

De nombreux groupes de soldats, séparés de leurs régiments, quelques officiers, et, il faut l'avouer, plusieurs généraux, du 5me corps et autres, débandés depuis l'avant-veille, prenaient leur repas.

Pendant que le plus grand nombre de nos soldats soutenaient une lutte héroïque, pendant que beaucoup tombaient bravement au champ d'honneur, des lâches, des hommes sans cœur, malheureusement trop nombreux, mangeaient dans les hôtels, sur les places ou se traînaient dans les rues.

Quelques obus Prussiens, tombés dans l'hôtel de la *Croix-d'Or* et dans la ville, firent justice de plusieurs d'entre eux.

Une lettre officielle adressée au Général de Bourmann, commandant supérieur de la Place, par le Général Lepic, aide-de-camp de l'Empereur, constate le fait.

En voici à peu près les termes :

« Général,

« L'Empereur, en rentrant en ville, a été pénible-
« ment affecté de voir des officiers, des soldats, des
« corps entiers mangeant pendant que l'on se bat.

« Sa Majesté vous prie de prendre les mesures né-
« cessaires pour que cet état de choses cesse immé-
« diatement et pour que chacun retourne à son
« poste. »

Le désordre était tel qu'il n'y eut pas possibilité
d'y mettre un terme.

Malgré tout, jusqu'à 2 heures de l'après-midi,
l'armée Française soutint courageusement une lutte
opiniàtre. C'est alors qu'arriva la jonction des deux
armées Allemandes venant de l'Est et de l'Ouest
et cernant complètement notre armée qui fut rame-
née forcément autour de la ville dont elle demanda
l'entrée.

Cette armée ainsi serrée autour d'une petite place,
offrait une cible vivante aux centaines de bouches à
feu placées à la circonférence.

Les obus, après avoir croisé toute la journée sur
l'armée Française, lui arrivaient maintenant de tous

les côtés à la fois et, faute d'espace pour tomber à terre, tombaient sur les têtes.

La cavalerie, dont l'emploi avait été réduit à un rôle purement passif pendant toute la journée, chercha à faire une trouée pour s'échapper.

Malgré ses charges héroïques, décimée par des feux croisés, elle fut acculée aux fossés de la Place dans lesquels de nombreux cavaliers tombèrent à la renverse avec leurs montures.

C'était un spectacle indescriptible.

Le Général Le Brun (12me corps), ramené contre la Place par des forces supérieures et après avoir éprouvé des pertes énormes, fit demander, à trois reprises successives, l'ouverture des portes qui lui fut constamment refusée; et, qui ne lui fut accordée, que sur un ordre écrit de l'Empereur.

Ce fut le commencement du désastre.

La ville, déjà fortement encombrée, ne put suffire à contenir tous ces débris : ses rues, ses places, ses fossés, ses maisons regorgeaient de soldats, de chevaux, de bétail, de voitures, de caissons, etc., etc.

Quelques généraux cherchèrent alors à réunir plusieurs milliers d'hommes et à faire une trouée du côté Est de la ville.

Leurs efforts furent infructueux et ils durent rentrer dans Sedan après avoir perdu la moitié de leur monde.

L'armée, massée dans la Place, en remplissant les fortifications et les fossés, n'avait plus aucun moyen d'échapper à l'ennemi qui concentrait 230,000 hommes autour d'elle et 900 bouches à feu.

Le drapeau parlementaire fut hissé et une suspension d'armes fut conclue jusqu'au 2 septembre à 9 heures du matin, heure à laquelle le feu des batteries Allemandes s'ouvrirait de toutes parts sur la ville, si l'armée n'acceptait pas la capitulation qui lui était imposée.

Sans aucun doute, il est dur d'accepter une semblable condition, mais, dans la position mortelle où se trouvait toute cette masse d'hommes, il était impossible de faire autrement.

La défense n'eut pas été un combat; mais un massacre inutile, de toute une population, de toute une armée et de plusieurs milliers de blessés recueillis dans toutes les maisons, ce qui transformait la ville en une vaste ambulance.

La ville de Sedan n'avait aucun approvisionnement.

Toutes ses ressources avaient été épuisées; d'abord par l'armée de Metz, à laquelle on envoya des vivres jusqu'au 20 août; et, ensuite par celle du Maréchal de Mac-Mahon, à qui des envois avaient été faits depuis cette époque.

Une journée de vivres fut à grand peine assurée pour la journée du 2 septembre. Les approvisionnements de l'armée étaient garés à Mézières et à Montmédy.

Dans cette position, une capitulation, malgré la honte attachée à ce mot, était inévitable.

L'armée se rendait prisonnière de guerre.

Les officiers seraient, à leur choix, libres sur engagement écrit de ne pas servir contre l'Allemagne ou bien, séparés de leur troupe et emmenés prisonniers.

La Place de Sedan, malgré les efforts et le désespoir de son digne commandant, M. le Général de Beurmann, malgré le courageux et patriotique dévouement de sa Garde nationale et de ses habitants, malgré les soins empressés que, tout entière, elle apportait aux blessés; fut comprise dans la capitulation de l'armée, sans avoir été consultée et sans qu'aucune condition ait été stipulée en sa faveur.

Le Général de Beurmann, qui la commandait, reçut l'ordre du Général de Wimpfen de la remettre à l'ennemi.

Lorsque cette nouvelle fut connue de l'armée, la

douleur et la honte firent couler des larmes de tous les yeux.

Des officiers se suicidèrent pour échapper à d'aussi cruelles conditions.

Les soldats brisèrent leurs armes.

Les artilleurs, à coup de hache, brisaient les mitrailleuses.

La cavalerie abandonnait ses chevaux ou les précipitait dans les fossés pour diminuer d'autant le butin de l'ennemi.

Dès le 3 septembre au matin, le défilé commença, et cette malheureuse armée fut parquée dans la presqu'île d'Ige où la basse vengeance Allemande eut l'infamie de la laisser souffrir.de la faim pendant plusieurs jours.

Dès le 5 septembre, les prisonniers Français furent dirigés sur l'Allemagne. Toutes les colonnes traversèrent la ville de Sedan et, c'était un bien poignant spectacle pour la population de cette malheureuse ville, de voir nos malheureux soldats, mourant de faim, ne pouvoir s'arrêter pour prendre les morceaux de pain qui leur étaient jetés des fenêtres de toutes les maisons et être obligés de s'éloigner sous les bourrades et les coups de crosse de leur escorte.

Pour apporter un plus grand découragement moral à toute cette foule de cœurs blessés, les agents Prussiens firent circuler, par ordre, la fausse nouvelle que la République rouge était proclamée à Paris, que la guillotine y fonctionnait en permanence et que l'armée de Sedan, ainsi que tous ses officiers, étaient déclarés traîtres à la Patrie.

Ces bruits, répandus à dessein dans toute la ville et dans toute l'armée, bruits auxquels le trouble des esprits donnait quelque créance, paralysèrent les désirs d'évasion qui, sans cela, eussent été bien plus nombreuses.

Néanmoins, beaucoup de soldats, d'officiers subalternes et quelques officiers supérieurs, parvinrent à s'échapper par la Belgique et, aidés par les habitants qui les déguisèrent, vinrent mettre de nouveau leur épée au service de la Patrie.

Telle est la vérité sur cette capitulation qui n'avait pas eu encore sa pareille dans l'histoire du monde. Les capitulations d'Ulm et de Baylen, citées jusqu'ici, n'approchent pas, comme nombre, de celle de Sedan.

Il est à remarquer aussi qu'à aucune époque, la puissance militaire des peuples ne s'est manifestée par des effectifs aussi élevés ; et, qu'en raison de ces effectifs, la capitulation de Sedan n'a plus qu'une

importance numériquement relative avec ses devan-
cières.

Quoiqu'il en soit, des fautes graves ont été commises, aggravées par des circonstances fatales et
par les conséquences forcées d'une organisation et
de ressorts vicieux.

Lorsque dans une bataille aussi décisive, le commandant en chef a le malheur d'être blessé, le sort
de la journée est déjà compromis : Que sera-ce donc
si le commandement est disputé à celui à qui le chef
l'a remis et à qui il a confié ses intentions et ses
projets?

Quel trouble! quelle confusion! n'amèneront pas
des ordres et des contre-ordres lancés successivement
dans un moment aussi critique?

Toute la clef de la journée de Sedan est là.

Nous ne voulons attaquer personne; mais notre
conviction est que l'armée aurait pu être sauvée, en
partie, si les intentions de M. le Maréchal de Mac-
Mahon, blessé dès le début de l'action, avaient pu
être suivies; si, en un mot, M. le Général Ducrot eut
conservé le commandement que le Maréchal lui avait
remis, nous pensons qu'il lui eut été possible de se
faire un passage sur la route de Mézières et de rejoin-
dre Paris par Laon et Soissons, au lieu de venir se
jeter dans une petite place de guerre sans ressour-

ces, à laquelle le Ministre de la guerre avait refusé
des trains de vivres comme ravitaillement, en répondant au Général de Beurmann qui la commandait :
qu'en cas de siége, il ait à s'arranger comme il le
pourrait (*sic*).

———

Cette catastrophe a été le commencement de l'a-
baissement de la France et l'intérêt dynastique des
Napoléon en a été la cause. Au lieu de venir dans
les Ardennes supposons que le Maréchal de Mac-Mahon, comme il en avait l'intention, puisse arriver
sous Paris avec 120,000 hommes, toute son artillerie
et ses mitrailleuses ; le corps du Général Vinoy, les
troupes arrivant de tous les côtés auraient porté son
armée à plus de 200,000 hommes. Cette armée, commandée par lui, convergeant sous Paris, pouvait

5*

amener les armées Allemandes dans un piége et en
écraser le tout ou partie sous les forts de la capitale qui auraient secondé son action. L'investisse-
ment de Paris eut été impossible.

La position pouvait changer du tout au tout. Supposons une grande victoire sous Paris et l'armée
Allemande en partie détruite; ses débris ne parve-
naient pas à regagner l'Allemagne et le Maréchal,
avec son armée renforcée, pouvait alors aller dégager l'armée de Metz.

Le sort en a décidé autrement, et les exigences de
la Régence de Paris l'ont emporté sur le bon sens et
la raison.

III

L'INTENDANCE FRANÇAISE

L'Intendance, fonctionnant comme elle a fonctionné, a sa large part à revendiquer dans les causes de nos malheurs.

Les troupes ne recevaient aucune distribution régulière, les trains ou les convois de vivres n'arrivaient jamais en temps opportun.

Cela occasionnait des privations continuelles qui, affaiblissant constamment le moral du soldat, le faisaient arriver faible et découragé au jour de la bataille.

L'Intendance, qui avait accaparé tous les services, n'arrivait pas à en remplir un seul d'une manière satisfaisante.

Que l'on compare la manière dont les besoins des deux armées belligérantes ont été prévus et assurés, et le procès de cette administration, centralisatrice par excellence, qui est à la fois juge et partie, sera définitivement jugé.

Les Etats-Majors, insuffisants sous ce rapport, s'occupant plus d'eux-mêmes que de leurs troupes, ayant d'ailleurs d'autres soins à remplir, s'en rapportaient entièrement, selon l'habitude, à l'intendance en ce qui concerne les vivres et les convois; leur confiance était bien mal placée.

Lorsque les Chefs de corps, pour mettre leur responsabilité à couvert, adressaient coup sur coup les plaintes les mieux justifiées, l'Intendance avait toujours de bonnes raisons à émettre; des excuses pour cas de force majeure à fournir, en un mot, cela n'était jamais sa faute.

Nous l'admettons, ce n'était pas sa faute du moment, car à l'impossible nul n'est tenu. Mais pourquoi, alors, accaparer cette tâche immense l'orsque l'on est incapable de la remplir, et pourquoi, par orgueil et entêtement de vouloir tout faire, nous avoir préparé de pareils désastres?

Les Chefs de corps étaient trop heureux, lorsqu'il était possible, de faire apposer le cachet sacré de l'Intendance sur leurs bons de subsistance : autrement pas de vivres; ou bien encore, lorsque l'on daignait ne pas désapprouver les réquisitions, souvent insuffisantes, que la nécessité les forçait de faire.

Tel Général part de Lyon, avec sa division, par le chemin de fer, et arrive en Alsace sans avoir reçu une ration de vivres. Arrivé à destination, pas de vivres : ce n'est qu'au bout de 48 heures que les troupes, grâce aux efforts d'un jeune sous-intendant fort actif, ont pu toucher leurs rations à peu près régulièrement.

Nous n'attaquons pas les personnes, nous connaissons dans l'Intendance bon nombre de fonctionnaires dévoués et d'un très-grand mérite. Ce que nous signalons comme un vice radical est connu de tous : c'est l'institution en elle-même, c'est la centralisation de tous les services entre ses mains et la manière déplorable dont elle les fait fonctionner.

Des corps de troupe sont restés 4 et 5 jours sans vivres et abandonnés à eux-mêmes. Il était bien difficile aux officiers, à quelque rang qu'ils appartiennent, de s'opposer à la maraude faite par leur troupe, mourant de faim, après des journées de marche et de fatigues ; leurs hommes leur glissaient dans la main, l'indiscipline et la démoralisation s'infiltraient dans les rangs, la débandade s'y mettait dès l'arrivée au gîte.

Chacun cherchant à manger, la maraude devenait presqu'un pillage, et beaucoup de localités ont eu très - fort à souffrir du passage des corps Français.

Tels sont les funestes résultats des pernicieux errements administratifs, tels qu'ils existent encore aujourd'hui.

CHAPITRE CINQ

I

L'ARMÉE ALLÉMANDE EN FRANCE

Nous abordons un triste sujet :

« *Je ne fais la guerre qu'à l'Empereur Napoléon III* « *et à son armée, je ne la fais pas au Peuple Français,* « *je respecterai les personnes et les propriétés,* » avait dit le Roi de Prusse dans sa proclamation.

Jamais plus impudent mensonge n'a été proféré.

Demandez à toutes nos populations envahies, suivez les traces de l'armée Allemande sur le sol Français, relevez les actes inouïs qu'elle y a accomplis et vous saurez quelle foi un peuple doit avoir dans une parole royale.

La Guerre est un horrible fléau dont la civilisation atténuait les terribles conséquences. La lutte entre les Peuples modernes ne se manifestait plus que par des actes militaires, par des combats et par des batailles entre leurs armées.

L'esprit de conquête, était regardé comme une atteinte aux nationalités.

L'opinion publique avait imposé des digues aux effervescences des armées en créant le droit des gens, sorte de code naturel accepté par tous les peuples civilisés.

La Convention de Genève avait établi d'une manière positive, le droit sacré des neutres et des non-combattants.

Elle avait institué l'inviolabilité pour les apôtres et les volontaires de l'humanité.

Eh bien ! l'armée Allemande a fait litière de tous ces préceptes : elle a foulé aux pieds toutes les lois divines et humaines.

Ce ne sont pas seulement des actes isolés de vandalisme qu'il nous faut signaler ; c'est un système préconçu de dilapidations, d'exactions et de ruines qu'il nous faut flétrir.

Nous le savons, il est impossible que dans une

grande agglomération d'hommes armés, il ne se
trouve pas des êtres indignes de l'uniforme qu'ils
portent et qu'ils déshonorent ; mais, qu'après le combat et en vertu d'ordres émanant d'en haut, des
soldats, des officiers, se répandant dans la campagne, dévalisent les habitations, chargent les meubles, les bijoux sur des voitures, se les approprient
et les emportent,

Ce ne sont plus des soldats :

Ce sont des voleurs.

Que de sang-froid et parce qu'une ville, un village ont été l'objet d'une défense héroïque, les vainqueurs enduisent les lambris, les portes, les fenêtres
d'huile minérale et achèvent d'incendier à la torche
ce que le canon n'a pas détruit,

Ce ne sont plus des ennemis vainqueurs,

Ce sont des bandits et des forçats en rupture de
banc.

Qu'au milieu de ces incendies, des femmes, des
enfants, des vieillards, cherchant à échapper aux
flammes, y soient rejetés par des officiers et par des
soldats :

Ces actes féroces, accomplis par des guerriers, sont
la honte de leur nation qu'ils clouent au pilori de
l'humanité.

Que, contre tout droit, des Gardes nationaux, des

Francs-Tireurs, faisant partie de corps constitués, répondant à l'appel des lois de leur pays, pris les armes à la main et revêtus de leur uniforme, soient fusillés sans autre forme de procès, pour ce seul crime qu'ils défendaient leurs foyers envahis et remplissaient leur mandat.

Les ordonnateurs et les exécuteurs de ces forfaits sont des bourreaux et des lâches.

Que des villes, des villages soient rançonnés sous le moindre prétexte, que des fonctionnaires, répandus dans toutes les localités, y mettent en œuvre tout un système organisé de dilapidations et de contributions excessives, qu'ils enseignent comment l'on peut pressurer à satiété des populations inoffensives, c'est un déni de toute idée de justice et de moralité.

Qu'au XIXe siècle, en dépit de toute civilisation, le système des otages soit ressuscité, que des êtres inoffensifs, femmes, enfants, vieillards, soient battus, pillés, assassinés, que le droit des gens devienne lettre morte, c'est un défi porté au monde entier.

Que, contrairement à la Convention de Genève, signée par les deux peuples belligérants, la croix rouge sur drapeau blanc, au lieu de préserver les blessés et les malades qu'elle abrite, serve au contraire de but aux batteries Allemandes et attire, sur les ambulances et les hôpitaux, une grêle de projectiles qui achèvent ceux qui respirent encore.

Que des médecins, des aumôniers, porteurs du sauf-conduit et du signe sacré de la Convention, aient été assassinés, non-seulement par des soldats, mais encore par des officiers.

Que des convois de blessés servent de prétexte au transport des rapines et du produit des vols commis sur le territoire Français, qu'un pareil butin soit couvert et abrité par la croix rouge sur drapeau blanc et parvienne ainsi à traverser les pays neutres et à gagner l'Allemagne,

Ce sont des actes monstrueux, que notre plume ne saurait qualifier ; mais que l'histoire enregistrera pour l'ignominie de la nation qui les a accomplis.

De tous ces crimes dont nous relaterons quelques exemples, pris entre tous, le plus grand, sans contredit, est d'avoir employé le terrorisme envers les populations ; de s'être arrogé le lâche et inique droit de limiter la défense du pays envahi et, sous peine d'incendie, d'emprisonnement et de fusillade distribués aveuglement, d'avoir rendu responsables les parents, les mères, les familles des actes de patriotisme et de dévouement de leurs enfants partis pour la défense de leur Patrie.

Dans tous les pays occupés, en admettant le Code barbare imposé par l'autorité Allemande, qui l'appliquait, sans prévenir au préalable, de nombreux innocents ont été sacrifiés impitoyablement, sur les plus légères apparences.

Il n'est pas possible de faire meilleur marché de la vie humaine que les bourreaux Allemands ne l'ont fait, de sorte que, les malheureuses populations n'avaient la conscience du délit, injustement reproché, que lorsque la sanglante répression était accomplie.

Ces monstruosités, qu'il faut faire connaître au monde entier, mettent en relief la gloire de la nation Allemande et indiquent dans quel abîme de sang et de ruines son chef est allé ramasser la couronne impériale qui pare son noble front.

II

QUELQUES HAUTS FAITS ALLEMANDS

Le Procureur impérial de Wissembourg (Bas-Rhin), a été fusillé, pour ce seul crime qu'il était le président de la Société de tir de cette ville et que, quelques-uns des membres de cette Société avaient dû tirer sur l'armée Allemande.

———

L'Alsace tout entière a été pillée, non-seulement par l'armée envahissante, mais encore par la population Badoise qui vivait presqu'entièrement de ses

rapports avec cette partie de la France et qui n'a
rien trouvé de mieux, pour lui témoigner sa reconnaissance, que de venir avec ses chariots enlever les
effets, le linge, les meubles des malheureux Alsaciens
qu'elle a réduits à la dernière misère.

Ce malheureux pays, si Français par le cœur, a
subi toutes les horreurs imaginables; ses habitants
ont été fusillés à tort et à travers, selon le caprice
du vainqueur, soumis aux plus rudes épreuves, aux
contributions les plus injustes et les plus lourdes, ils
ont été forcés, sous peine de mort, de faire les tran-
chées et les terrassements autour de Strasbourg, pendant le siége de cette immortelle Cité.

Les malheurs de cette contrée sont tels que la
Prusse, qui a le fol espoir de la conserver, consacre
en ce moment de nombreux millions à réparer le
tort matériel et, distribue à profusion les promesses
les plus brillantes pour effacer le tort moral et se gagner le cœur de ces populations héroïques, anéanties
sous le poids de leurs maux.

A Châlons-sur-Marne, le cœur des habitants a conservé le souvenir des angoises que leur a causées une quadruple exécution ordonnée par l'autorité Allemande.

Une compagnie de Francs-Tireurs opérait dans les environs et cherchait à couper les communications ennemies. Trois hommes de cette compagnie serrés de près, se refugient, pendant la nuit en sautant par-dessus l'enceinte, dans la maison commune d'un village, à l'insu de l'instituteur qui l'habitait.

Le lendemain ils sont découverts et emmenés à Châlons-sur-Marne avec le malheureux instituteur.

Ni les réclamations de la municipalité, ni les pleurs d'une épouse, mère de trois enfants, n'ont pu sauver cette quatrième victime.

Les trois braves et le malheureux père de famille ont été fusillés sur le champ de manœuvres, près de la caserne d'infanterie de Châlons-sur-Marne où ils reposent encore.

A Soissons (Aisne) un fait semblable s'est produit; mais avec des circonstances plus atroces :

Un malheureux instituteur du canton de Soissons est sommé de remettre la liste de la Garde nationale : comme cette liste n'existait plus et avait été détruite, ce fonctionnaire répond qu'il n'en possède pas.

Le Garde champêtre, affolé de peur, croyant faire une œuvre utile, court rechercher chez lui une ancienne liste de la Garde Nationale existant en 1848, c'est-à-dire il y a 22 ans, Garde Nationale licenciée en 1851 et dont bon nombre de membres n'existent plus aujourd'hui.

Au lieu de voir dans cette circonstance, ce qui y était véritablement, c'est-à-dire un quiproquo fort excusable dans un pareil moment,

Le chef Allemand, heureux d'avoir un prétexte à tuerie et à sanglante intimidation, a prétendu que l'on voulait le tromper et l'instituteur a été immédiatement passé par les armes.

Une autre scène dans le même département, à Pont-à-Vert.

Dialogue entre une dame âgée, propriétaire d'un hôtel et un officier Allemand, âgé de 20 ans à peine, mais chez lequel la rapacité n'attend pas le nombre des années.

« — Mais, monsieur, pourquoi prenez-vous les « clefs de mon comptoir et de mon secrétaire?

« — C'est pour chercher et prendre de l'argent.

« — N'est-ce pas assez que vos soldats pillent ma « cave et boivent mon vin?

« — Non madame, *c'est la guerre.*

« Oh! monsieur, la guerre, non pas : mais le vol, « oui! Que dirait votre famille, si vous en avez une, « en vous voyant accomplir de pareils actes? »

Pas de réponse...

« — Allons, monsieur, rendez-moi mes clefs, ou « bien donnez-moi votre carte afin que je puisse, « après la guerre, aller dire à votre mère votre con- « duite ici, et vous faire honneur dans votre pays. »

Toujours pas de réponse... mais recherches actives pour trouver de l'argent.

Cette malheureuse dame en a été pour ses frais de rhéthorique, et c'est en vain qu'elle a cherché à éveiller un sentiment honorable dans le cœur de ce

pillard imberbe ornée d'une épaulette qu'il déshonore.

Elle s'adressa alors au Commandant supérieur
qui, pour toute satisfaction, lui redit la phrase
usitée :

C'est la guerre.

Eh bien ! non, ce n'est plus la guerre, car la guerre
faite ainsi c'est le martyr pour les vaincus, la honte
et le déshonneur pour les vainqueurs !

———

Un médecin, M. le docteur Debaudre, né à Bruyè-
res (Aisne), proscrit du régime impérial, établi à
Bruxelles et membre de la Société de secours aux
blessés, porteur de la croix rouge et muni d'un sauf-
conduit a été assassiné par un officier Prussien à La
Francheville, sur la route de Mézières (Ardennes), en
allant remplir une mission médicale dans cette dernière ville.

Nous laissons la parole à M. le docteur Bécour-Leclerc, médecin de l'Internationale, qui prononça sur la tombe de la victime le discours suivant :

« Citoyens,

« Un adolescent de 25 ans, le docteur Debaudre,
« de l'association Internationale de secours, revêtu
« de notre inviolable insigne, accomplissant une
« mission médicale, a été assassiné !

« C'est la victime de cet acte infâme que nous
« avons la douleur d'enterrer.

« Cruelle ironie du Dieu des armées que les tyrans
« invoquent ! Cette victime était toujours prête à con-
« soler, à guérir celui-là même qui, de propos déli-
« béré, lâchement la tua.

« Sans se soucier du signal de détresse du pauvre
« médecin, agitant son mouchoir, sans examiner le
« sauf-conduit, sans se donner la peine de reconnaî-
« tre notre insigne : l'assassin a tiré sur la croix
« rouge.

« Je proteste comme médecin, comme délégué de
« l'Internationale de la croix rouge de Bruxelles,
« contre un acte aussi barbare qui retentira doulou-
« reusement dans tous les cœurs.

« Ne souffrons-nous pas encore assez, loin de nos
« familles, loin de nos enfants ?

« Ne mourons-nous donc pas assez vite du typhus,
« de l'infection, de la pourriture, témoin notre re-
« gretté confrère Thomas, et d'autres dont le mar-
« tyrologe serait trop long? Devons-nous craindre
« encore, en remplissant notre devoir de volontaires
« de l'humanité, en portant au loin des secours, d'ê-
« tre fusillés, comme on fusille une bête féroce?

« Si la Convention de Genève est lettre morte?
« qu'on nous le dise! nous nous armerons aussi,
« nous qui ne portons que l'arme qui sauve ceux que
« l'arme tue!

« Il nous siérait mal de parler vengeance sur un
« tombeau : nous sommes des gens de paix, il n'y
« a que trop de victimes déjà, dans cette effroyable
« guerre, contre laquelle tout homme de cœur pro-
« teste.

« Nous espérons que justice sera faite.

« Quelque soit le meurtrier, il portera la peine
« d'un crime de lèse-humanité; sa conscience, si elle
« est accessible aux remords, lui criera :

« Assassin! ta balle a frappé un homme inof-
« fensif!

« Assassin! tu as visé un neutre!

« Assassin! tu as tué à bout portant un médecin,
« un inviolable, un homme dévoué, sans défense,

» dont la mission consistait à affronter la mort pour
» t'apporter la vie !

» Et toi, malheureux confrère ! n'avais-tu pas assez
» souffert pour la cause juste : la prison, l'exil, sous
» un règne maudit?

» Fallait-il, lorsque tu nous quittas plein de vie,
» trouver ton épouse en pleurs, auprès de ton cada-
» vre ensanglanté ?

« Adieu ! confrère. Adieu! »

M. le docteur Debaudre, assassiné à Lafrancheville,
était marié depuis trois mois.

A l'affaire de Droué (Loir-et-Cher), M. l'abbé X***,
aumônier dans la division Gougeard, du 21ᵐᵉ corps,
fut assassiné à bout portant, malgré ses insignes
qu'il présentait à son assassin au moment où, pen-

ché sur M. le Chef d'escadron Rodelec du Porzic, blessé mortellement, il soutenait la tête du mourant, cherchait à le soulager et à remplir les fonctions de son ministère.

———

Lorsqu'un pays est envahi par une armée victorieuse, il est de coutume que celle-ci vive sur le pays momentanément conquis.

Que cette armée lève les contributions en vivres et en argent qui lui sont nécessaires; ce sont les tristes lois de la Guerre.

Examinons comment l'armée Allemande a appliqué ce système en France.

Dans tout le pays occupé, des fonctionnaires civils et militaires Allemands, nommés à l'avance, levaient des impôts en argent et en nature. Ce qu'ils ont demandé et obtenu en dehors des réquisitions rationnelles serait fort curieux à constater.

Ils avaient adopté, dans toute son extension, le principe qu'il faut demander beaucoup pour obtenir un peu. Telle localité, par exemple, a dû se procurer et livrer des kilogrammes de feuilles de laurier, et cela, en quantité plus que suffisante pour accomoder tous les ragoûts de l'univers pendant plusieurs années.

D'autres demandes plus ridicules encore se sont manifestées.

La pharmacie Allemande, lors du règne de la variole qui sévissait avec violence, s'est trouvée momentanément épuisée en ce qui concerne les médicaments. Telle ville a été alors frappée d'une réquisition de plusieurs hectolitres d'huile de Ricin. Après bien des pourparlers, ont fit comprendre au Commandatur qu'il y avait impossibilité complète de le satisfaire et que la centième partie, de ce qu'il demandait, suffirait pour purger toute l'armée Allemande.

Ce serait risible si ce n'était lugubre.

Partout où il était possible d'imposer une amende sous le prétexte le plus futile, l'amende était prononcée et la vie d'otages sequestrés répondait du paiement.

Toutes les localités ont eu à souffrir de ces exactions.

Un exemple entre autres :

A Douzy (bourg entre Sedan et Montmédy), dans le courant du mois de décembre 1870, un train Allemand, qui devait être dirigé sur Montmédy, prit une voie de garage et resta à Douzy, par suite de la négligence d'un aiguilleur Prussien.

Il est bon de dire que, depuis la prise de Montmédy, les Allemands exploitaient à leur bénéfice le chemin de fer de Thionville à Sedan et que cette exploitation était complètement confiée à leurs agents.

Quelle bonne aubaine s'est dit l'autorité Allemande !

Quelle bonne occasion de frapper un pauvre village, qui n'en peut mais, d'une forte contribution !

Les choses suivirent leur cours habituel.

Arrestation arbitraire de deux notables que l'on trouve à leur métier à tisser et qui sont conduits à la citadelle de Sedan, avec promesse de fusillade si, le lendemain, une somme de six mille francs n'est pas versée à la Commandatur.

Réclamations et protestations de la municipalité qui cherche à prouver, ce qui d'ailleurs est clair comme le jour, que deux malheureux habitants, travaillant dans leur maison, qu'une localité toute entière, ne peuvent être responsables de l'erreur commise par un aiguilleur Allemand.

Après des pourparlers de plusieurs jours, grâce à l'évidence incontestable du fait, la contribution fut abaissée de six mille francs à trois mille, et enfin à deux mille que la municipalité de Douzy dût payer au Commandatur Allemand, qui ne peut se tromper.

Ceci n'a pas besoin de commentaires.

———

7*

Peut-être que tous ces actes de rapines pourraient être attribués à la rapacité des subordonnés qui auraient fait peser sur de malheureuses localités ruinées par la guerre tout le poids de leur tyrannie subalterne. Il n'en est rien ; l'exécution, plus ou moins bien faite, pouvait valoir le blâme ou les éloges aux instruments qui l'accomplissaient passivement ; mais les ordres et l'impulsion venaient toujours d'en haut : et, ce qui les rend plus honteux et plus exécrables encore, c'est que tous ces faits n'étaient que la manifestation d'un système préconçu, longtemps médité et appliqué dans toute sa rigueur. Système qui cherchait à ruiner la France, non-seulement dans sa fortune, mais encore à la ruiner dans ses ressources à venir.

C'est ainsi que, dans les forêts des Ardennes et de la Lorraine appartenant à l'Etat, des milliers de chènes ont été vendus, livrés ou transportés en Allemagne, même après la signature de la Paix.

La Belgique s'était d'abord refusée à laisser passer sur son territoire le produit de semblables rapines, puis elle est revenue sur sa décision et, malgré son bon vouloir et ses efforts, son sol a été souillé d'un semblable dépôt. ———

La Belgique, l'Angleterre et la Suisse ont envoyé dans notre pays nombre de Sociétés bienfaisantes qui ont pu juger la conduite de nos vainqueurs, et constater l'amas de ruines, de douleurs, de maux que la charité de trois peuples amis étaient impuissante à conjurer.

Merci! mille fois merci! à tous ces cœurs charitables, dévoués, qui sont venus au secours de nos malheureuses populations foulées aux pieds, qui ont aidé et recueilli nos pauvres soldats fugitifs. Le souvenir de leurs bienfaits vivra toujours au cœur de la France, et lui en sera d'autant plus cher que ses malheurs étaient alors plus grands.

Tous les officiers Allemands n'ont pas évidemment participé à toutes les infamies commises en France. Comme partout il y a eu des exceptions. Nous plaignons les gens de cœur et les esprits élevés, égarés

dans ces masses armées, où le pillage, le vol et l'incendie, mis à l'ordre du jour, avaient pour résultat
un commun déshonneur.

III

BAZEILLES

Le village de Bazeilles était un bourg situé à 3 kilomètres de Sedan.

Dans la journée du 1ᵉʳ septembre, il fut vigoureusement défendu par la division d'infanterie de marine et par la Garde Nationale de la localité.

Les obus Français et Prussiens avaient en partie détruit ce village, qui ne fut pris par les corps Bavarois qu'au prix de pertes énormes.

Ce malheureux village et ses habitants durent payer par l'incendie et la mort la défense héroïque qui fut faite de leur localité. Les Gardes Nationaux pris furent fusillés avec de nombreux habitants; des femmes, des enfants, des vieillards furent assassinés ou rejetés vivants dans le feu des maisons qui furent incendiées à la torche.

La lettre si remarquable de M. de Fitz-James, reproduite dans le *Times* le 12 septembre 1870, a déjà fait connaître les actes de barbarie commis à Bazeilles. Mais, comme M. le Général baron Von der Thann a cherché dernièrement, par une lettre reproduite dans les journaux, à prouver que la conduite des Bavarois à Bazeilles n'avait été que fort ordinaire, nous avons fait une minutieuse enquête dans ce village, et nous allons donner, in extenso, la relation exacte des faits accomplis avec les noms des victimes.

Si nous ne l'avons pas fait, dans certains exemples cités plus haut, c'est que les faits relatés sont de notoriété publique et que les populations entières protesteraient si quelqu'un osait les contester.

Or ici, puisque M. Von der Thann veut dégager sa responsabilité et qu'il cherche à donner le change à l'opinion publique, nous lui répondrons par la brutalité des faits, et nous compléterons ce que les réponses et les protestations auxquelles sa lettre a donné lieu peuvent avoir encore d'insuffisant.

Le village de Bazeilles comprenait environ 436 maisons, une église, une mairie.

36 maisons ont été incendiées par les obus.

400 maisons l'ont été à la torche.

Dans ce nombre, beaucoup l'ont été le 2 et le 3 septembre, bien que les hostilités aient été suspendues dès le 1er septembre au soir.

Voici les noms des rues et des propriétaires des maisons, avec l'indication des causes de l'incendie :

Rue d'En-Bas

49 maisons incendiées à la torche, après la bataille, appartenant à :

Jacquemin-Hupin.	Colard.
Pierre Leroy.	Dehaie-Jacquemin.
Jean Moutarde.	Sauvage.
Vermont-Noizet.	Henry Alexandre.
Marin.	Gérard Béquet.

Thiriet.

Noizet-Brasseur.

Pierre Oblin.

Pierre Mortier.

Alexandre Bertholet.

Moutarde.

Lemaire.

Hagnerie.

Hanrothel.

Jacob Hanrothel.

Mary-Lemoine.

Maçon.

J.-B. Lemaire

Salomon Dehaie.

Baptiste Mary.

Oblin Salvegberg.

Noizet-Herbulot.

Istrimont.

Pierre Leroy.

Ve Jacquemin.

Lacroix-Adnesse.

Noël Cordier.

Ve Lemoine.

Boire.

Vermon-Gobert.

Goffin.

Mary Bertholet.

Leroy Richard.

Adnesse-Husson.

Château de Turenne.

Gerbeau-Protin.

Vauthier-Poncelet.

Grippoix.

Bourry.

Noël Marianne.

Oger.

Souplet.

Nicolas Barthelémy.

Vauthier Bertholet.

Même Rue

7 maisons incendiées par les obus
appartenant à :

Dagand.

Théophile Dautel.

Vᵉ Philippe.

Simon Hagnerie.

Jean-Baptiste Bournel.

Charles Didriche.

Simon Herbulot.

Place d'Armes

29 maisons incendiées à la torche,
appartenant à :

Herbulot.

May-Lemoine.

Marguerite-Peynoyel.

Tavenaux-Hanequart.

Pierson-Didriche.

Henriet-Rambourg.

Jacques Hagnerie.

Leroy-Quintin.

Hagnerie-Lambinet.

Henriet Istrimont.

Bertholet-Maçon.

Remon.

Vᶜ Bertholet.

Jacquemin-Colard.

Grosieux-Husson.

Mary-Lacroix.

Henri Moutarde.

Ducheny.

Malesé-Hagnerie.

Alexandre Piermet.

Joseph Herbulot.

Henri Jacob.

Jean-Baptiste Renard.

Vermon-Gobert.

Nivoix.

Leduc.

Denys-Mozet.

Demi.

Le Presbytère.

Place d'Armes

6 maisons incendiées par les obus,

appartenant à :

Lionis-Michaux.

Henriet Istrimont.

Legay-Grippoix.

Marie-Reine Gerbaux.

Schneider-Osselet.

Alexandre Graphaux.

Place de l'Eglise

11 maisons incendiées à la torche,
appartenant à :

Toto Leroy.

Pierre Dehaie.

Gravisse.

Decolon-Leroy.

Mary-Cunin.

Herbé-Leduc.

Bertholet-Herbulot.

Bertholet-Mary.

Moreaux.

Martin-Leroy.

Herbulot-Piermet.

Place de l'Eglise

6 maisons incendiées par les obus,
appartenant à :

Picard Didriche.

Moutarde Mozet.

Delpech.

Pierre Liégeois.

Mozet-Grippois.

Jacques Vaucher.

Rue du Colombier

7 maisons et l'hôtel de ville incendiées à la torche,

appartenant à :

Hôtel de Ville (à la commune).

Vervac.	Marielle.
Vᵉ Lemaire.	Vaternaux.
Leduc-Pochet.	Lenoir.
Souple.	

Même Rue

2 maisons incendiées par les obus,

appartenant à :

Lorson.

Grand'Rue

63 maisons incendiées à la torche,
appartenant à :

Vermon Malésé.

Liégeois-Bertholet.

Maçon-Cani.

Cordier-Flerquin.

Pierre Liégeois.

Bertholet-Maçon.

Decolon-Maçon.

Liégeois-Greffe.

Pierre Maçon.

Liure-Guillet.

Leduc-Leroy.

Mozet-Brasseur.

Bertholet-Jacquet.

Leduc Vervac.

Herbulot-Osselet.

Cordier-Decolon.

Lecomte-Adnesse.

Nicolas Bertrand.

Dehaie-Noizet.

Jacquemin frères.

Malésé-Gigleux.

Pochet-Legay.

Doche-Jacquemin.

Herbé-Darchand.

Grippois-Collin.

Decolon-Bournel.

Ve Perrot-Stevenot.

Dehaie-Ladouce.

Leroy-Herbulot.

Moutarde-Nimbourneaux.

Martinet.

Grugeandeaux-Ladouce.

Chartier-Gigleux.

Toto-Leroy.

Ladouce-Decolon.

Gerbeaux-Hanequart.

Munoz-Perare.

Schneider-Osselet.

Choquenet.

Pierre Dehaie.

Nermon-Noizet.

Grippois-Lecomte.

Collet-Husson.

Legay-Leduc.

Brafford.

Cordier-Pierson.

Dehaye-Rayr.

Famille Mozet.

Brasseur.

Nicolas Barthelémy.

Cordier-Noizet.

Pauly-Maçon.

Ve Jacob.

Dacrois-Lardenois.

Jacquemin-Bertholet.

Vervac-Leduc.

Legendre-Ollin.

Pierre Dehaie.

Vauthier-Richebracq.

Renard-Grugeandeaux.

Vervac-Leduc.

Deshaie-Bertholet.

Grosselin-Collinet.

Même Rue

7 maisons incendiées par les obus,
appartenant à :

Morelle-Jacquillon.

Vervac jeune.

Tinet-Pauly.

Rousseau-Lambert.

Joseph Barthelémy.

Vermon-Gobert.

Ve Nicolas.

Rue des Marmouzets

11 maisons incendiées à la torche,
appartenant à :

Decolon-Renard.
Pierre Maçon C...
Istrimont-Lecomte.
Dehaie-Blairer.
Lenoir-Lorin.
Lion.

Mineur Herbulot.
A. Piermet.
Maçon Petit.
Decolon-Bournel.
Marin-Malésé.

Même Rue

4 maisons incendiées par les obus,
appartenant à :

Jacques Herbulot.
Hanotel-Dehaie.

Vermon-Gobert.
Defrance.

Rue Nationale

58 maisons incendiées à la torche,
appartenant à :

Denaux.	Coclet.
Deruaz.	Lexpert.
Liure-Paulin.	Gilquin.
Derambourg.	Robert Paris.
Lambert.	Bellomet.
Renard-Gilson.	Tassigny.
Protin-Lesoile.	Malésé-Parent.
Verger.	Paillon.
J.-L. Renard.	Domelier-Coquille.
Lion.	Richard Ladouce.
Ve Grosieux.	Souplet.
Dehaie-Jacquemin.	Lambinet.
Galet-Olivier.	Bourgerie-Herbulot.
Rousseau.	Vauchelet.
Lambert Cresson.	Jacob Marée.
Colet-Devillier.	Lambinet, frère et sœur.
Girardin.	Penoillé.
Porte-Adnesse.	Alfred Jacob.
C. Tassigny.	Vermon-Mary.

Girardin-Jacquillon.

Bertholet-Domelier.

Husson-Jacquet.

Vᵉ Cigot.

Bertholet-Leroy.

Herbulot-Lambert.

Vasseaux.

Colas Liure.

Thomas Friquet.

Vᵉ Henriet.

H. Hagnerie.

P. Legros.

Grosieux, dit Flamanville.

Pierson Domelier.

Remy Chapelier.

Noël.

Delpech-Vautelet.

Vᵉ Jacob.

Même Rue

4 maisons incendiées par les obus,
appartenant à :

Goffin.

H. Jacquet.

Osselet-Leroy.

Ollin-Bertholet.

Rue des Boulangers

12 maisons incendiées à la torche,
appartenant à :

Bellomet.

H. Herbulot.

Herbulot-Boire.

Chartier-Gigleux.

Ch. Maçon.

Berbulot-Mozet.

J.-B. Hallin.

Herbulot-Leduc.

Hallin.

Legendre-Ollin.

Les autres maisons incendiées, non signalées ci-dessus, au nombre d'environ 150, ont été brûlées par les maisons voisines incendiées à la torche.

Tels furent les crimes commis à Bazeilles contre les propriétés.

Voici maintenant le nom des victimes des attentats barbares commis contre les personnnes :

Bourry fils, devenu idiot par suite de mauvais traitements.

Baptiste, devenu idiot par suite de mauvais traitements.

V⁰ Bertholet (81 ans)
Madeleine Le Gay (78 ans)
Pierre Hagnerie (74 ans)
Antoine Hagnerie fils
Vauchelet Hagnerie
Le gendre de Vauchelet
Flore Vauchelet (13 ans)
Le domestique de Théophile
   Ollin

brûlés vifs, rejetés dans les flammes.

Gustave Henriet
Jean Domini
Malézé-Hagnerie
Lamotte-Pinteau
Domelier
J.-B. Ausson (88 ans)
Jacquet-St-Jean
J. Herbulot
Cottin-Chartier
Lacroix-Lardenois

assomés ou tués à l'arme blanche et criblés de blessures.

J.-B. Grippois
P. Grippois } frères
Simon Dehaie
Pochet-Legay
Tanret-Maily } beaux-
J.-B. Maily } frères
Jacquemin-Hupin

} tués à l'arme blan-
che et criblés de
blessures.

Lesoile, tué (cadavre mutilé).

Robert-Paris
Son domestique

} fusillés, retrouvés
à 30 pas de leur
maison, liés en-
semble.

Cuvillier
G. Henriet

} fusillés.

Henri
Hagnerie-Lambinet
Auguste Dagand
Liure-Osselet
Paulin Liure
Bertrand Bessage

} disparus, ont été
fusillés et enter-
rés, ou bien reje-
tés dans l'incen-
die, on n'a pu en
retrouver aucu-
ne trace.

Lambert Herbulot
Mme Ducheny
Pierre Husson
André Vauthier
Adèle Vauthier, sa sœur
Femme Simon Dehaie
Jules Dehaie, son fils

} morts à la suite de leurs blessures et de mauvais traitements.

Les deux petits enfants de Jules Dehaie retrouvés asphixiés dans le puits.

Remy Chapellier, atteint à la poitrine, alité depuis plusieurs mois, assassiné, dans son lit, de deux coups de revolver, par un officier Bavarois, qui tira sur lui à diverses reprises.

Le sieur Bertrand, habitant de Bazeilles, chercha à éteindre le feu mis de sang-froid à sa maison. Il fut pris, maltraité, dépouillé de ses vêtements par des soldats Bavarois et enfin empalé sur un bâton rendu pointu pour cet usage. Une bande de ces bourreaux riaient et plaisantaient autour de ce nouveau poteau de tortures, sous les yeux et malgré les ardentes supplications de la malheureuse femme du supplicié, affolée de cet atroce spectacle et dont le cœur bondissait à chacun des cris de son époux, qui expira sous ses yeux.

Nous tenons cet acte barbare de la bouche même de la femme du martyr, témoin oculaire.

La veuve P..., âgée de 80 ans, fut liée par les soldats, traînée par terre et livrée aux derniers outrages.

Une autre dame C... eut le même sort.

La dame Herbulot fut gardée prisonnière pendant 6 jours; et plusieurs autres à qui la honte a empêché d'avouer les indignités qu'elles ont eu à subir.

———

Ah ! nous le comprenons, lorsque de pareils actes ont été commis, lorsqu'un laps de temps écoulé permet d'en apprécier froidement toute l'horrible réalité. Ceux qui les ont ordonnés ou autorisés doivent chercher avec avidité tous les moyens de se disculper et d'en rejeter la responsabilité.

Un pareil poids à décliner, une tâche aussi hideuse à éviter justifient, jusqu'à un certain point, les plus impudentes dénégations : mais il importe pour l'intérêt de l'avenir que rien ne soit perdu ni oublié de cette guerre affreuse, l'opprobre de notre siècle.

Aussi, M. le Général baron Von der Thann, soit qu'il écrive encore dix, vingt, cent lettres semblables à la première, soit qu'il se taise, n'empêchera pas les faits accomplis d'être acquis à l'histoire universelle, pour la plus grande gloire de la nation Allemande en général et du peuple Bavarois en particulier.

Comme corollaire, nous ajouterons que le château de Glaire où M. Von der Thann avait établi son quartier général a été entièrement pillé et qu'il n'y est resté que les murs.

———

Le village de la Neuville et This (Ardennes), a été le théâtre et la victime de tout ce que la soldatesque

effrenée peut faire supporter, ainsi que l'a constaté
l'enquète minutieuse ordonnée par M. le Préfet des
Ardennes, enquète qui a été reproduite dans diverses brochures et communiquée au corps diplomatique.

———

La ville de Châteaudun a de semblables faits à enregistrer. Les crimes de lèse-humanité, commis dans
cette malheureuse cité furent tels que le Gouvernement Français dût voter, d'urgence, un secours immédiat de 100,000 francs et qu'ils inspirèrent à
M. de Chaudordy, alors attaché aux affaires étrangères, son remarquable manifeste aux Puissances
étrangères, dans lequel il protestait avec la plus
haute éloquence et avec la plus grande précision,
contre les actes inqualifiables commis, sur le sol
Français, par les armées Allemandes.

———

Les peines corporelles sont rayées de tous nos codes depuis près d'un siècle, leur odieux et infamant souvenir est tombé dans l'oubli. L'autorité Allemande qui les a précieusement conservées les a mis en usage envers des citoyens Français.

A Reims (Marne), grande ville industrielle de 70,000 âmes, huit citoyens ont eu à subir le supplice déshonorant de la bastonnade (la schlague Prussienne) pour des fautes insignifiantes; l'un d'eux pour avoir reproché à un officier Prussien un vol commis à son préjudice.

Quel effet une pareille exécution n'a-t-elle pas produit dans une grande ville Française?

Quel ressentiment ne doit-on pas en avoir?·

———

Les attentats contre les hôpitaux et contre les malades qu'ils abritent sont des crimes tellement hors

9*

nature qu'il n'est jamais venu à la pensée d'aucun législateur de leur affecter une pénalité spéciale. Les plus grands criminels avaient toujours respecté ces asiles de la douleur que la charité a rendus sacrés.

Il était donné à la nation Allemande d'attacher à ses exploits l'initiative du bombardement des hôpitaux, de la tuerie des malades et des blessés.

Nous voulons faire justice de ces forfaits qui, d'ailleurs, ont révolté l'opinion publique, et lorsqu'à la face de l'Europe nous avons vu un Général en chef, M. de Moltke répondre à de justes reproches au sujet du bombardement de Paris et de l'incendie du Val-de-Grâce et autres édifices où flottait la Croix rouge que : « lorsqu'il serait plus rapproché, il pour-» rait mieux diriger le feu de son artillerie. » Nous demandons si de semblables paroles ne sont pas de l'ironie sanglante après des actes infâmes et si elles ne seront pas l'éternel déshonneur de celui qui les a proférées ?

Comment croire qu'une nation puisse respecter les hôpitaux et les établissements de secours portant la Croix rouge sur Drapeau blanc au sommet de leurs toits, lorsqu'elle n'a pas craint d'abriter, sous le signe sacré de la charité, sous l'emblème inviolable de la Convention de Genève le produit de ses vols et de ses rapines?

Un exemple prit sur le fait :

La ville de Bouillon (Belgique) gardera long-temps le souvenir d'une scène affligeante qui s'est passée dans ses murs.

Un convoi de blessés Prussiens, de la bataille de Sedan, traversait cette ville pour gagner la station de Libramont et de là l'Allemagne par le chemin de fer.

A peine trois ou quatre blessés étaient-ils étendus sur chaque chariot rempli en dessous d'effets, de bijoux, de pendules, de meubles volés dans les environs de Sedan et le long du trajet des armées victorieuses.

Un citoyen Français, s'en apercevant, réclama l'intervention des autorités Belges et leur montra, par quelle odieuse supercherie, leur bonne foi était abusée; il fit même vider un chariot après en avoir

fait descendre les blessés qui ne l'étaient que légèrement.

Grande rumeur dans la localité! grand attroupement! les officiers Prussiens cachant, comme toujours, leur infamie sous l'impudence de leurs mensonges prétendirent, pour donner le change, que ce
courageux Français avait foulé aux pieds leurs blessés et ils exigèrent des autorités de Bouillon qu'elles
le missent en état d'arrestation.

Comme ils étaient les plus nombreux et qu'ils
criaient très-fort on fit le simulacre de faire droit à
leur requête, mais avec tant de soin que M. L...,
le français en question put s'évader et gagner l'Angleterre.

La presse Allemande fit grand bruit de la chose
et la raconta à son avantage, sans ménager M. L...
qui, heureusement, a pu leur répondre dans leur
langue par les plus formels démentis et par l'évidence des faits constatés par l'autorité Belge qui,
pour bien établir la situation des deux partis, con-
damna M. L... à une amende de quelques francs
pour avoir été la cause d'un attroupement (délit de
(simple police).

Cette manière d'emmener son butin et de cacher
le produit de ses rapines sous un pavillon sacré, ne
prouve-t-elle pas le plus grand mépris pour la Con-

vention de Genève dont il est l'emblême, et n'est-elle pas le plus éclatant outrage aux puissances qui l'ont signée?

———

Passons en revue toutes les places fortes Françaises que l'ennemi a eu en son pouvoir grâce à l'incendie et à la famine. Dans toutes ces cités où le drapeau Allemand a flotté, quel est le bastion qu'ils ont enlevé?

Quelle est la muraille qu'ils ont emportée d'assaut?

Quelle est la ville qu'ils ont prise, là, comme on prenait les villes jadis avec le cœur et le courage?

Aucune!

Partout l'incendie, partout les hôpitaux, les asiles de la vieillesse, les écoles de l'enfance, les habita-

tions brûlées par les obus, des populations affolées
ou réduites par la famine à se rendre, des rem-
parts et des fortifications pour la plupart intacts.

Quel est l'édifice? Quelle est la richesse archéolo-
gique ou autre, appartenant aussi bien au monde
entier qu'à la France, où le vandalisme Allemand
n'ait pas posé sa griffe impie?

Que penser de la bibliothèque de Strasbourg, de
la fabrique de porcelaine de Sèvres, anéanties, ainsi
que tant d'autres richesses universelles que notre
plume ne saurait énumérer?

N'était-il pas d'usage, usage consacré par les lois
de la guerre chez les peuples civilisés, que le bombardement, la ressource extrème des siéges, ne serait employé qu'après un avis préalable qui permit
aux commandants des places fortes de faire sortir
les femmes, les enfants, les vieillards, les non combattants en un mot?

Le bombardement sans coup férir n'était-il pas réservé comme un châtiment terrible infligé seulement
à une place qui aurait manqué aux lois de la guerre
ou violé le droit des gens?

Où et quand l'armée Allemande a-t-elle suivi ces
préceptes?

Jamais!...

Ce n'est pas dans sa foudroyante invasion qu'il faut chercher les assauts mémorables et glorieux.

———

Un ennemi blessé, hors de combat, un prisonnier de guerre, soldat ou officier qui, par ordre de ses chefs, est obligé de rendre ses armes ou de remettre son épée sont, pour les nations civilisées, des êtres sacrés et, plus la victoire a été disputée plus les soins sont empressés auprès des ennemis blessés, plus le respect entoure et protége les vaincus.

Il en était ainsi du moins, avant les nouveaux moyens de guerre mis en usage par l'Allemagne.

Interrogez ceux qui ont pris part à la lutte ! Demandez-leur les récits du champ de bataille, ils vous diront qu'en dehors des médecins Allemands qui ont été généralement ce qu'ils devaient être envers nos blessés, les soldats Allemands se sont montrés lâ-

ches et infàmes souvent sur l'ordre de leurs officiers.

L'on vous montrera par quelle manœuvre fami-
lière aux guerriers Prussiens, faisant semblant de
se rendre et levant la crosse en l'air, la bonne foi et
la loyauté de nos soldats, fusillés alors à bout portant, ont été làchement et fatalement surprises, surtout dans les début de la guerre.

Telş officiers (nous avons les noms et nous les con-
naïssons) laissés pour morts sur les champs de bataille de Borny, Gravelotte et autres lieux, vous ra-
conteront que blessés, hors de combat et remuant
encore, ils se sont vus, sur le signe d'officiers Allemands, blessés plusieurs fois de nouveau jusqu'à ce
que, pour sauver leur vie, ils aient pris le parti de
simuler la mort.

Et tant !... Et tant !...

Vous reconnaîtrez alors la mème Nation qui, sous
les ordres de Blücher, faisait charger sa cavalerie
des heures entières sur les blessés et les mourants du
champ de bataille de Waterloo.

Recueillez près des nombreux officiers et soldats
emmenés prisonniers de guerre en Allémagne, le
récit des vexations sans nombre, des mauvais traitements de toutes sortes qu'ils ont eu à subir. Quelle
affreuse nourriture ont eue nos pauvres soldats ! et

combien ne pourront jamais se remettre de leurs privations?

Demandez-leur à quel code barbare ils étaient soumis?

De quelle minime importance était leur existence et combien il en manque à l'appel qui ont succombé à la peine ?

Comparez la manière d'être et d'agir des deux Nations envers les prisonniers de guerre et vous serez ensuite édifié sur la valeur morale de chacune d'elles.

Le Bombardement des villes ouvertes a été également mis en usage par les armées Allemandes avec cette aggravation que lorsque les villes n'étaient pas entièrement brûlées elles étaient ensuite frappées d'énormes contributions de guerre sous menace d'être soumises'au pillage et à l'incendie comme les villages, les châteaux, les maisons de campagne, les fermes des environs de Paris et d'un tiers de la France l'ont été sans pitié ni merci!

Partout les meubles, les pendules, les bijoux, les matelats, le linge, les effets d'habillement des hommes, les robes des femmes, les joujoux des enfants ont été enlevés, soigneusement emballés et expédiés en Allemagne par les soins de cet Etat-Major qui a fait d'une partie de ses troupes une Société de déménagement et de pillage à main armée.

C'était la guerre !

Oui ! une guerre atroce contre les vieillards, les femmes et les enfants, le vol, l'incendie et le brigandage contre les propriétés.

Il y a loin de ces actes à la proclamation du bon roi Guillaume, le Messie et le Père de l'Allemagne qui, pour compléter l'unification de cette grande Nation n'a rien trouvé de mieux que de l'amener à commettre tous ces crimes et à se déshonorer.

———

Nous bornerons là les exemples de la loyauté et de la noblesse des vainqueurs Allemands. Le temps nous manque pour recueillir tous les hauts faits de leur grandeur et le cadre de cet ouvrage, trop petit, est indigne de les contenir.

Nous laissons ce soin à l'implacable histoire, à la haine qu'ils ont fait germer dans le cœur de nos populations.

Nous espérons que lorsque notre sol sera purifié de leur odieuse présence, dans chaque ville, dans chaque village, dans chaque hameau de notre France il sera dit à tous, hommes, adolescents, enfants, et cela tous les jours :

Il y a tant de temps, à telle époque, les Allemands ont commis tel et tel crime, ils ont incendié tel et tel village, ils ont pillé telle ferme, ils ont fusillé, assommé, brûlé vifs telles et telles personnes, femmes, enfants, vieillards.

La mère l'apprendra à ses filles, le père le dira à son fils, les ruines le diront à tous ; et tous les cœurs Français se prépareront, non pas à de lâches représailles qui seraient indignes d'eux et de leur Patrie, mais à la lutte suprême du droit contre la force, de la civilisation contre la barbarie, du progrès et de l'affranchissement de la pensée contre l'autocratie et la féodalité du sabre.

CHAPITRE SIX

LE PEUPLE FRANÇAIS DEVANT L'INVASION

Les horreurs sans nombre et de toutes sortes commises sur le sol Français par les armées Allemandes, et cela dès le début de la guerre, jetèrent une telle terreur parmi les populations, que des faits se sont produits qui seraient à jamais la honte de notre pays, s'ils n'étaient expliqués par la torpeur morale dans laquelle des catastrophes aussi rapides l'avaient plongé.

D'ailleurs, il faut le dire tout haut, les vingt dernières années avaient fait naître tant de causes d'inertie, d'égoïsme et d'avachissement, que les esprits étaient bien préparés pour une facile et prompte démoralisation.

10*

L'autorité Allemande aidait puissamment à cette perturbation générale : chacun de nos malheurs était précédé d'une nouvelle contradictoire annonçant, à la France un succès, nouvelle colportée, il est inutile de le dire, par des agents Prussiens. La Capitale, de grandes villes ont illuminé après Forbach et Reischoffen sur la nouvelle d'une victoire ; et, lorsque le lendemain la triste vérité était proclamée et reconnue, la brusque transition de l'enthousiasme à l'abattement, de la réjouissance au désespoir, décuplait l'effet de la défaite et étreignant les plus forts esprits, enlevait le courage aux uns, détruisait chez les autres toute idée de résistance et livrait ainsi le pays, pieds et poings liés, à l'invasion.

Néanmoins, quelques classes de la Société ont fait noblement leur devoir : soit par orgueil, soit par dévouement ou plutôt, ce qui est véritable, par amour de la Patrie et par haine de l'Etranger.

Le clergé a courageusement supporté les vexations et quelquefois le martyr.

Les vieilles familles de France ont été largement représentées sur tous les champs de bataille de la Défense Nationale où les fils des preux ont montré l'exemple.

Le Génie civil est venu remplacer avec le plus

grand patriotisme le Génie militaire et les officiers d'Artillerie tués ou prisonniers ont eu pour successeurs leurs anciens camarades de l'école Polytechnique. Les professions libérales, le haut commerce, les grands industriels, le peuple des villes, sont restés dignes de la France dont leur abnégation et leur courage ont sauvé l'honneur.

Les Maires et les Municipalités, dans presque tout le pays envahi, ont montré beaucoup de tact, de prudence et de tenacité contre les exactions toujours renouvelées des autorités Allemandes.

Sont particulièrement à citer les Maires des villes de Soissons et Sedan.

Séparés du reste de la France, ayant de rares nouvelles des événements ; toute leur pensée a été de sauvegarder le petit monde dont ils avaient la charge. Nous en connaissons qui ont failli plusieurs fois être emmenés prisonniers en Allemagne, d'autres ont été arrêtés, puis relâchés ; tel s'est vu conduire entre huit soldats au Commandatur Allemand.

La reconnaissance des populations, pour leur sollicitude, s'est manifestée, soit aux élections pour l'Assemblée Nationale, soit à celles pour les Conseils municipaux.

C'est de tout cœur que nous rendons hommage aux bons citoyens, aux bons Français qui ont été à hauteur des circonstances par leur vertu. Mais si le cœur se dilate avec bonheur devant des devoirs pénibles et dangereux, noblement remplis, il se resserre de dégoût devant l'égoïsme, l'indifférence et la lâcheté dont quelques classes ont donné l'exemple.

La petite bourgeoisie, indifférente quand même, n'a pensé qu'à sauver sa vie et ses sous.

Le commerce de détail n'a vu, en général, dans nos désastres qu'une bonne occasion qu'il fallait saisir; et surtout une eau bien trouble ou il fallait pêcher.

La partie honnête des commerçants a laissé aller les événements et en a loyalement profité.

L'autre, moins honnête, pour ne pas dire plus, a exploité soigneusement la situation en doublant ses prix, en volant le fisc; ou bien encore, accaparant les denrées les plus usuelles, elle a réalisé de beaux bénéfices en pressurant de malheureuses populations ruinées par l'invasion.

En un mot, elle personnifia l'âpre amour du gain poussé jusqu'à l'ignoble.

Tel gredin, par exemple, ayant des fonds disponibles, n'a rien trouvé de mieux pour montrer son patriotisme, que d'acheter les huiles, les sucres et les cafés arrivant difficilement dans la ville qu'il habite afin d'être maître d'en fixer le prix, de gagner cent pour cent et d'augmenter d'autant la misère publique.

Le paysan, pris comme le fer entre l'enclume et le marteau, fut lâche quand il ne fut pas traître.

Dans maintes circonstances, le sens moral peu développé dans cette classe lui a fait entièrement défaut; des actes inouïs d'égoïsme, de lâcheté ont été accomplis par des gens pour qui les mots de Patrie et de Drapeau sont sans signification.

Que de fois n'avons-nous pas constaté, dans cette pénible et dure campagne, l'absence de tout sentiment viril chez la plupart de nos populations rurales? c'est au point que bien souvent nous nous sommes demandé si, pour le bonheur et l'avenir moral de notre pays, il ne serait pas à désirer que les Allemands ne laissâssent pas une ferme sans la piller, un commerçant sans le rançonner à outrance!

« Ces paysans, » disait dans son rude langage un vieux soldat, « ils ont moins de cœur que les pourceaux qu'ils élèvent. »

C'était après l'affaire de D....., lorsque les Français furent reçus, mangèrent et couchèrent au rez-de-chaussée de toutes les maisons d'un village, alors que les habitants avaient fait cacher tout un batail-

lon Prussien dans les greniers; si bien que, lorsque
la colonne Française se mit en marche le lendemain
matin, elle fut saluée par une fusillade sortant de
toutes les lucarnes.

Ce fait s'est passé en décembre 1870, à D.....
(Loir-et-Cher), et c'est une partie de la Division
Gougeard, du 21me corps, qui en a été victime.

Pas un habitant, ni Maire, ni Adjoint, ni Conseil-
ler municipal, ni autre, n'a prévenu la troupe Française du guet-apens qui lui était tendu. Est-ce bien
là de la trahison au premier chef et ce village n'a-t-
il pas mérité d'être brûlé et rayé de la carte de
France ?

Comme correctif, il est juste d'ajouter que les
Prussiens venaient d'incendier Châteaudun, pas bien
loin de là, et que la terreur qu'ils inspiraient, gros-
sie par le récit amplifié des événements, glaçait les
populations et leur enlevait toute énergie.

Les vivres, toujours refusés aux soldats Français,
étaient réservés et mis à part pour les soldats Prussiens, que l'on avait intérêt à ménager et que l'on
recevait alors comme des amis.

Des corps francs ou réguliers agissaient-ils dans
les environs de la commune? Comme celle-ci pouvait en être rendue aveuglement responsable par
l'ennemi, qui n'y regardait pas d'aussi près, il était

de coutume, pour se garantir de tout dommage, de faire prévenir les autorités Allemandes du voisinage et de la marche des corps Français, qui eussent été moins trahis si la lutte eut été portée en Allemagne.

Lorsqu'un département était envahi à demeure par les autorités Allemandes installées à peu près comme chez elles, et ayant leur police, chose honteuse à dire, desservie presque entièrement par des Français, il était difficile aux jeunes gens qui n'avaient pas eu la présence d'esprit ou la résolution de partir dès le début, de répondre ensuite à l'appel de leur Patrie, l'autorité Allemande rendait responsables les parents, la famille du dévouement de leurs enfants ; ceux-ci ont pu hésiter et leur inaction est relativement excusable : mais que, dans des pays non-occupés, des jeunes gens aient fui l'ennemi dans un tout autre but que pour concourir à la défense de leur Pays, qu'ils aient rempli, comme nous avons pu le constater, les hôtels des villes éloignées, des ports de mer, des îles voisines et des pays limitrophes ? Qu'insouciants des malheurs de la France, leur Patrie, ils n'aient eu d'autre pensée que de sauver leur précieuse existence ? Que leur fortune enfin n'ait été que la sauvegarde de leur lâcheté ?

C'est à l'opinion publique de leurs localités de les flétrir.

C'est aux municipalités de les rechercher et d'appeler sur eux les rigueurs du Gouvernement : et, si la loi est impuissante à les atteindre, c'est aux femmes, aux jeunes filles qu'ils rechercheront de les punir, en se détournant d'eux avec un mépris si marqué, qu'il rende superflue l'épithète qui les ferait rougir si cela est encore possible.

Honte à ces lâches ! Ils sont indignes d'être époux et père.

Honte au Français, qui, pour sauver sa propriété et même sa vie, a servi de guide à l'ennemi ou lui a fourni des renseignements contre les armées de son pays ! honte ! bien plus méritée encore au méprisable et égoïste commerçant qui, devant tant d'effroyables maux dont la France était couverte, n'a pensé qu'à entasser des gains illicites et n'a eu comme patriotisme que ce désir impie :

« Si cela pouvait encore durer tant de temps, j'aurais gagné tant !... »

Les premiers ont cédé à la peur pour eux, pour ceux qui leur sont chers, pour leur famille : plus tard ils pourront racheter leur faute lorsqu'ils l'auront comprise : Mais, le dernier, le sordide et cupide trafiquant, incapable de tout sentiment généreux, ayant à la place du cœur un mauvais décime, comment rachètera-t-il jamais sa turpitude ?...

La France a des millards à payer à son implacable ennemie, il serait bon, il est essentiel que ce fardeau soit réparti d'une manière équitable et dans un sens moralisateur.

Nous le comprenons, il est impossible de scruter la conduite de tous les citoyens pendant une crise comme celle que nous venons de traverser ; mais il est possible d'atteindre et de punir ceux qui ont commis des crimes évidents et notoires de lâcheté, d'égoïsme et de trahison.

Des amendes proportionnées à la fortune ou au lucre ignoblement acquis, tel est le châtiment judicieux à infliger.

Châtiment mérité, auquel tous les honnêtes gens applaudiront.

L'impunité serait un encouragement donné à de pareils actes, et serait leur consécration.

Il faut des exemples éclatants qui prouvent que l'on n'oublie pas impunément une Patrie comme la nôtre, ni ce qui lui est dû.

Dès le commencement des hostilités, le Conseil municipal de la ville de Saint-Omer a voté, à l'unanimité, que les noms des jeunes gens de la ville, tués, blessés ou qui se distingueraient dans la guerre contre la Prusse, seraient gravés en lettres d'or sur le marbre de la salle des séances, à la Mairie, pour servir d'enseignement de noblesse aux générations futures.

Cette belle et patriotique idée, que beaucoup de villes se proposaient d'imiter, était un précieux mobile d'émulation et d'encouragement en ce sens, qu'elle perpétuait et honorait le souvenir du dévouement obscur et éclatant et qu'elle était, selon les circonstances, pour le héros brillant comme pour l'humble martyr, la promesse sacrée de la suprême caresse, du baiser d'adieu de la famille, de la couronne d'immortelles du pays natal.

Après la récompense des nobles actions, le châtiment des actions honteuses est de toute justice. Il faut donc que le nom des lâches et des hommes sans cœur ne soient pas oubliés, et pour les punir, tout en leur laissant la possibilité de racheter leur honte d'aujourd'hui en méritant plus tard une place au livre d'honneur, nous invitons toutes les localités de France à faire afficher à la porte des Mairies et à faire reproduire dans les journaux des départements les noms de ceux qui, pouvant le faire, n'ont pas répondu à l'appel de leur Pays.

Aujourd'hui, que les municipalités ont été renouvelées et que les événements ont permis de reconnaître la valeur morale des Conseillers municipaux de toute la France, d'éliminer, de remplacer les uns et de réélire les autres selon leur mérite; ces magistrats épurés auront à cœur de mériter entièrement la confiance de leurs concitoyens en châtiant impitoyablement ce qui a été bas, égoïste et lâche.

Devant l'Alsace, nous donnant toute entière des leçons de patriotisme, devant la Lorraine, les Ardennes se tordant sous l'invasion, devant Châteaudun, Varize et Civry se sacrifiant héroïquement pour la défense de la Patrie, devant l'abnégation de la population honnête de Paris pendant le mémorable siége de cette capitale; il est urgent de s'enquérir et de faire connaître à toute la France comment certaines villes et certaines contrées de notre Pays ont compris et rempli leur devoir.

Il y a eu de bien pénibles contrastes.

Pendant que Strasbourg devenait un amas de ruines, pendant que le pillage, l'incendie couvraient un tiers de nos départements; dans les grandes villes éloignées de l'invasion, les théâtres, les cafés-concerts étaient remplis d'oisifs qui venaient chercher là un antidote souverain contre les ennuis du moment.

Les femmes galantes étalaient des toilettes qui étaient un outrage aux guenilles de nos malheureuses populations envahies; vêtues par la compassion étrangère, nombreuses familles que les secours incessants des Sociétés Anglaises, Belges et Suisses empêchèrent de mourir de faim et de froid.

Dans ces molles cités, le refuge des gens sans cœur et des gourgandines, la vie était douce, facile, épicurienne, troublée à peine par un écho lointain et fugitif de nos désastres.

Telle partie de la France, où le cri de guerre à outrance était poussé avec frénésie, n'est pas avancée d'un pas pour prendre part à la lutte; nous ne pourrions mieux la dépeindre qu'en lui donnant pour allégorie l'image d'un homme coiffé d'un bonnet phrygien, vêtu d'une chemise rouge, les bras nus, brandissant vers le ciel un chassepot vierge, roulant de gros yeux qui menacent de tout dévorer, mais, ayant les pieds vissés au sol par d'énormes écrous, avec cette inscription :

GUERRE A OUTRANCE

Il nous siérait mal de chercher à jeter la désunion entre les diverses parties de notre France, qu'il importe, plus que jamais de rendre Une; mais, pour cela il faut que lorsqu'elle est envahie, la secousse se fasse sentir à tous les cœurs des Citoyens, au Nord comme au Midi, et que les départements qui ont le bonheur d'être éloignés de l'invasion, ne restent pas indifférents aux malheurs de leurs frères et de leur commune Patrie.

Les exemples ne nous ont malheureusement pas manqué dans cette malheureuse épreuve ; que chaque municipalité se rappelle comment les appelés pour la Défense Nationale ont répondu à son appel, que les honnètes Citoyens, que les gens de cœur en fassent bonne justice en faisant honte publiquement à tous ceux qui n'ont pas fait leur devoir ! Il faut de grands et salutaires exemples aux jeunes générations si l'on veut rendre la France au sentiment de ses devoirs et de sa dignité, et c'est là où l'égoïsme, l'avachissement et la lâcheté se sont le plus manifestés qu'il faut le plus les prodiguer.

La Presse, pendant la guerre, a manqué de tact, de prudence, de patriotisme. Ses indiscrétions ont souvent donné des renseignements utiles à l'ennemi.

Un exemple :

Le 24 août, le journal *la Presse* mettait en tête de ses colonnes, et cela en gros caractères, un article ainsi conçu :

« Nous pouvons le dire, car c'est un fait accompli,

11*

« et il n'y a pas d'indiscrétion à le proclamer, le
« Maréchal de Mac-Mahon, par une marche hardie
« dans les Ardennes est allé donner la main au Ma-
« réchal Bazaine ; la jonction de leurs armées a eu
« lieu hier. »

Or, le Maréchal de Mac-Mahon n'a quitté Rethel
que le 27 août, et comme il exécutait justement le
mouvement indiqué par le journal *la Presse,* l'ennemi a pu en avoir connaissance quarante-huit heures
avant le commencement de l'exécution. Cela explique le mouvement simultané des armées du Prince
de Saxe et du Prince Royal de Prusse, guettant le
Maréchal de Mac-Mahon et le cernant sous Sedan.

Il est difficile d'admettre les journalistes dans les
Etats-Majors, leur indiscrétion bien connue les y
fait toujours mal regarder, et l'on comprend difficilement que des gens de cœurs, des Français, sacri-
fient, par légèreté, l'intérèt du pays au plaisir puéril de faire des racontars où messieurs les Reporters
occupent toujours le public de leur petite personna-
lité, des dangers qu'ils ont courus pour satisfaire la
juste curiosité des abonnés, tout en commettant des
indiscrétions qui peuvent avoir des portées incalcu-
lables.

Il y a là un danger sérieux et il faut appeler l'attention de tous sur cet objet important. La Presse, libre en toute autre époque, doit se mettre d'elle-même un baillon en temps de guerre : il n'y a pas en campagne de petits renseignements, il n'y a pas non plus de petits indices, tout y a son importance. Les faits mêmes, les faits accomplis, excepté la dernière bataille décisive, ne doivent être publiés que quelques jours après, lors que leur connaissance, acquise par l'ennemi, ne peut plus être un danger. Toutes les opérations militaires doivent s'enchaîner, et si l'on fait voir un chaînon, on laisse deviner la chaîne entière.

Ce danger, d'une presse indiscrète, mortel en temps de guerre, l'est à un même degré, quoique moins imminent, en temps de Paix.

Pourquoi cette rage de raconter au monde entier ce qui se fait en France au point de vue de l'organisation militaire ?

Pourquoi tenir ainsi en éveil l'attention de nos ennemis ?

La Prusse, l'Allemagne, nous ont-elles jamais appris ce qui se faisait chez elles ?

Non !

Elles s'en sont bien gardées.

Tâchons d'imiter leur prudence.

Nous avons été surpris par une force et par des

éléments qui nous étaient inconnus, et nous mettrions encore de la jactance à étaler et à faire sonner bien haut notre Etat militaire?

Messieurs les Journalistes! s'il faut à toute force que vous [parliez art et organisation militaires, artillerie, etc., etc., tâchez de savoir exactement ce qui se fait en Allemagne et à l'étranger, et publiez-le dans vos colonnes, cela sera moins dangereux pour votre Patrie que de raconter ce qui se fait chez Elle, et même, dans ce dernier cas, il faudrait encore mieux vous taire et renseigner discrètement le Gouvernement de votre Pays en laissant croire à son ignorance.

Nous espérons être compris, non-seulement des citoyens Français qui président à la rédaction de tous les journaux, mais encore de l'autorité dont nous appelons toute l'attention sur cette grave question.

La France va réorganiser son armée, Elle va renouveler et transformer son arsenal, faire des essais de toutes sortes : il y a déjà eu des indiscrétions de commises ; c'est un grand tort, laissons paraître et reproduisons les lois insérées au *Journal Officiel* : Un peu d'humilité ne nous siérait pas mal, et nous devons être guéris du puéril orgueil de donner des leçons militaires à l'Europe.

Le travail et le silence, voici quel doit être désormais notre rôle; organisons-nous, c'est notre droit, faisons tous nos efforts pour faire la France grande et respectée, en un mot pour être maître chez nous, c'est notre devoir et notre sûreté! mais taisons-nous...

Les indiscrétions, avant nos malheurs, n'étaient que des inconséquences funestes commises par des gens n'en ayant pas conscience.

Aujourd'hui, après nos désastres, une indiscrétion, au point de vue militaire, est une trahison envers la France et envers tous ses Enfants.

CHAPITRE SEPT

I

LA DÉFENSE NATIONALE

Après Sedan, toute l'Europe s'attendait à la Paix, la Guerre n'avait plus de raison d'être.

L'Empereur Napoléon III ayant remis son épée au roi Guillaume, l'armée du Maréchal de Mac-Mahon étant emmenée prisonnière de guerre en Allemagne; celle du Maréchal Bazaine étant enfermée sous Metz, le programme annoncé par le roi de Prusse à l'Europe était rempli.

La lutte semblait donc terminée; mais ce n'était pas le compte de la Prusse : la désorganisation n'était pas assez complète en France et des succès aussi rapides, une campagne aussi courte, ne justifieraient

pas suffisamment aux yeux de l'Europe les exigences du vainqueur.

Non! non, il faut continuer la Guerre, il faut profiter de la circonstance pour ruiner à fond cette nation généreuse que l'on nomme la France; le règne
de son dernier Empereur l'a rendue riche au point
de vue matériel mais pauvre au point de vue moral,
c'est une proie facile à saisir, usons et abusons donc
de nos succès inespérés!...

Telles ont été les réflexions de M. de Bismarck.

Le roi Guillaume avait de plus le désir tenace de
faire une entrée victorieuse dans la Capitale de la
France et d'appuyer sa botte sur le cœur de notre
Patrie.

Une Révolution pacifique, accomplie à Paris, venait de proclamer la République, acceptée d'enthousiasme par toute la France.

La République, cet épouvantail des Tyrans, des
Conquérants et des Potentats.

La République, cette incarnation et cette menace
vivante du droit contre la force!

Nouveau et puissant motif pour continuer la
guerre et pour en finir une bonne fois avec ces ré-
volutionnaires et ces cerveaux brûlés que l'on nomme
les Français.

D'ailleurs le Dieu des Armées ne favorisait-il pas

les Hohenzollern ; et les ardentes prières de Sa Majesté Augusta n'avaient-elles pas un grand crédit auprès de lui ?

Le Gouvernement de la Défense Nationale accepta cette position désespérée et se prépara à défendre le sol sacré de la Patrie.

Paris, froid, calme, résolu et résigné, se disposa aux épreuves d'un siège qui devait durer cinq mois.

Une Délégation du Gouvernement fut envoyée à Tours pour organiser la défense en province où tout était à créer.

Quelles qu'aient été les erreurs du Gouvernement de la Défense Nationale, soit à Paris, soit en province ;

Quelles que fautes que son inexpérience ou ses illusions lui aient fait commettre, si le seul désir de sauver la Patrie lui a fait saisir le pouvoir, même illégalement, si l'ambition personnelle n'y a été pour rien, la France lui doit de la reconnaissance pour avoir courageusement sauvé l'épave et l'honneur du pays.

Dans des époques aussi critiques il ne faut jamais sortir de la légalité qui seul peut ratifier les mesures les plus extrêmes et décupler les ressources.

Or, le Corps Législatif était le seul pouvoir légalement constitué malgré la diversité d'origine politique de la plupart de ses membres. C'était donc au Corps Législatif à nommer une Commission de défense et un Gouvernement provisoire. Le temps était précieux, et si, dans une seule séance, le Corps Législatif eut refusé de prendre résolument son parti sur la situation, les hommes qui ont pris en main le Gouvernement du Pays se trouveraient naturellement absous d'une usurpation justifiée par le danger imminent où se trouvait la France.

L'histoire jugera cette situation sans précédent jusqu'à ce jour, et son impartialité, dégagée de toutes les passions d'aujourd'hui, rendra justice aux efforts infructueux qui ont été faits ainsi qu'au courage qui fut nécessaire pour se charger d'une tâche aussi lourde et aussi ingrate.

Le Sénat Romain est allé, en corps, après la bataille de Cannes, remercier le Consul Varon de n'avoir pas désespéré de la Patrie.

Ce sont de pareils sentiments qui rendent les Nations grandes et impérissables.

Deux Citoyens Français ont tenté chacun une pénible entreprise pour terminer cette lutte impie.

Le premier, M. Thiers, qui, en ce moment, inscrit son nom en lettres d'or au cœur de la France est allé solliciter, pour son pays, tous les Cabinets Européens sans se décourager des refus dissimulés

sous les promesses vagues et sous l'eau bénite de
Cour qui lui furent successivement prodiguées.

Le second, M. Jules Favre, a fait peut-être plus
difficile encore ; de son propre mouvement, pour
sauvegarder l'honneur de la France, il est allé, sans
caractère officiel, trouver le vainqueur pour connaître et discuter les conditions de paix qui nous seraient imposées.

En présence des dures conditions de M. de Bismarck, devant la honte qu'il voulait infliger à notre
Patrie, M. Jules Favre a eu de sublimes paroles que
tous les gens de cœur ont ratifiées pour le passé
comme pouf l'avenir.

« Nous avons déclaré la Guerre, nous paierons no-
« tre faute. Demandez-nous notre dernier sou nous
« le donnerons, mais notre honneur ne nous per-
« met pas de céder un pouce de notre territoire, ni
« une pierre de nos forteresses. »

C'était la seule réponse digne de la France.

C'était une proposition loyale, c'est pour cela
qu'elle n'a pas été acceptée; c'était, de plus, une
gloire pure, une paix avantageuse et durable pour
l'Allemagne. C'était la fin des inimitiés des deux
peuples; car, nul comme le Peuple Français, n'est
facile à prendre par le cœur et la France eut fait

les plus grands sacrifices pécuniaires pour reconnaître et indemniser la générosité du vainqueur.

M. de Bismarck ne l'a pas compris ou n'a pas voulu le comprendre, il a préféré abuser de sa victoire, nous contraindre à une lutte désespérée et salir la gloire de son pays par des actes et des exactions indignes.

Gloire à lui !

Il a préféré froisser à jamais le cœur de la France, et, par la cession d'une partie de notre territoire qu'il nous a imposée, jeter le germe d'une lutte à outrance qui sera peut-être la ruine future de sa Patrie.

Gloire à lui !

Puisse-t-il vivre assez longtemps pour recevoir le prix et la récompense de ses efforts !

M. Jules Favre est rentré à Paris et il a écrit à la France le résultat de sa démarche, il a fait connaître les exigences du vainqueur dans leur impudente vérité et chacun a pu apprécier quel supplice moral M. Jules Favre venait de s'infliger.

Nous allons signaler ce qui à nos yeux peut être regardé comme les erreurs du Gouvernement de la Défense Nationale.

Après Sedan, la France n'avait plus d'armée : le Gouvernement de la Défense Nationale a dû tout improviser, il a créé des régiments de marche composés de compagnies et de bataillons pris dans tous les corps.

Il a terminé l'organisation défectueuse de la Garde Nationale Mobile dont il a fait des régiments; enfin, il rappela tous les anciens militaires, et un peu plus tard il commit cette grave erreur que l'on appela la Garde Nationale Mobilisée.

Le temps était précieux, les minutes valaient des heures; toutes ces mesures successives auraient dû être prises d'ensemble, dès le début, et avec les éléments divers qu'elles auraient fournis, mêlés et employés judicieusement, il était possible de faire face à l'ennemi.

La grande erreur du Gouvernement de la Défense Nationale a été de croire à l'efficacité de la levée en masse, cette brillante hérésie avec laquelle on a tué l'esprit militaire en France.

Pour combattre et vaincre des armées organisées comme celles de l'Allemagne, il faut plus que des bandes, il faut d'autres armées égales en nombre, en discipline et supérieures en courage et en talents militaires.

Le peuple armé, sans instruction préalable, est un mensonge et ceux qui ont toujours à la bouche l'immortel exemple de 1792, ne connaissent pas leur histoire de France, autrement ils sauraient que les premières déroutes et principalement celle de Market et de Quiévrain sont dues aux Volontaires de l'hôtel de ville et du Drapeau Noir qui se sont enfuis aux cris de *sauve qui peut, nous sommes trahis !*

Ce qui sauva la France sous la première République et qui lui permit de créer des armées sérieuses, ce fut le noyau de l'ancienne armée royale, la meilleure de l'Europe, ce furent les sous-officiers et les jeunes officiers d'alors qui furent la gloire du pays et qui firent des Généraux en chefs à 25 ans.

D'ailleurs, quelles différences n'y a-t-il pas entre l'arsenal de cette époque et l'arsenal d'aujourd'hui?

Entre l'effectif des armées, il y a un siècle, et leur effectif actuel?

La Garde Mobile comprenait dans ses rangs l'élite de la jeunesse ; mais à part de rares bataillons, ayant dans leurs cadres quelques anciens officiers ou sous-officiers, le reste, n'ayant aucun élément militaire, était à former et à instruire, non-seulement comme troupe, mais encore comme cadres.

On fait vite des soldats en campagne quand ils sont commandés par de bons cadres, mais il est impossible d'y improviser des officiers, bourgeois de la veille.

Les grades supérieurs et les places d'officiers de la Garde Nationale Mobile avaient été donnés de la manière suivante :

1° Selon les besoins électoraux des candidatures officielles;

2° A quelques anciens officiers démissionnaires ;

3° A d'anciens sous-officiers libérés.

Pour les premiers, leur incapacité notoire étaient d'autant plus funeste qu'ils occupaient un grade plus élevé.

Les seconds étaient les seuls à hauteur de leurs fonctions ou pouvant s'y mettre rapidement, ils étaient, d'ailleurs, les moins nombreux.

La nomination des derniers était la plus grande déconsidération apportée aux épaulettes et à la hiérarchie militaire.

Tel individu, par exemple, n'ayant réussi qu'à devenir sous-officier dans l'armée, dans n'importe quelle arme, était nommé d'emblée capitaine dans la Garde Nationale Mobile parce ce qu'il avait le bonheur d'être le fils d'un personnage influent de la localité.

Que la guerre éclate le lendemain, et qu'il soit appelé à l'activité, comme cela est arrivé, il se trouvait tout à coup devenir le supérieur de braves offi-

ciers qui étaient les siens quelque temps auparavant
et qui lui devaient dorénavant le salut et le respect.

Perturbation sur perturbation : l'élection aux grades mise ensuite à l'ordre du jour et enfin justement
déconsidérée et tombée en désuétude, était une
cause de désorganisation et un obstacle à tout bon
résultat.

L'élection en fait de hiérarchie militaire est la né-
gation de tout mérite et la ruine de toute émulation,
elle ne permet au supérieur ni fermeté, ni autorité,
elle inspire à l'inférieur l'indiscipline et l'insurbordi-
nation, en un mot, elle n'a produit et ne produira
jamais que le chaos organisé.

Après la Garde Nationale Mobile qu'il a utilisée le
Gouvernement de la Défense Nationale a créé la
Garde Nationale Mobilisée, tirée de la Garde Nationale Sédentaire, nouvelle erreur, mais conséquence
forcée de la première.

Toutes ces formations ont coûté fort cher, elles
ont mis sur pied un grand nombre d'hommes il est
vrai, mais elle n'ont fourni que fort peu de soldats.

Ce système de levées de Gardes Nationales de toutes sortes, avait pour but de sauver la Nation par la
Nation elle-même, de tuer en France le militarisme

si bien développé chez nos adversaires et de prouver
en un mot qu'un peuple n'a pas besoin d'armée per-
manente pour assurer son salut et la défense de son
territoire.

Telle a été l'erreur du Gouvernement de la Défense Nationale dès son arrivée aux affaires, erreur
qu'il a reconnu ensuite en modifiant, mais trop tard,
ses errements.

Pour sauver la France, ou tout au moins pour
employer d'une manière rationnelle toutes ses ressources, il fallait, dès le mois de septembre, appeler
tous les hommes valides, tous les anciens militaires,
tous les anciens officiers, tous les retraités pouvant
encore servir, tous les démissionnaires, dédoubler en
même temps les dépôts des régiments d'infanterie,
d'artillerie, verser dans ces centres militaires les éléments qui ont composé la Garde Nationale Mobilisée
avec les classes de 1870 et de 1871 appelées toutes
entières, et former successivement des régiments
qui auraient eu, du moins, des cadres et des rangs où
le novice aurait été encadré et commandé par des
chefs instruits et solides.

Le Ministre de la Guerre, au lieu d'être à Paris,
aurait dû être en Province : car, si la résistance était
à organiser à Paris, les armées de délivrance étaient
à créer dans les départements.

L'élément militaire et organisateur a complètement fait défaut à la Délégation du Gouvernement de la Défense Nationale.

Ainsi, au lieu de se contenter de chercher des armes au fur et à mesure des besoins qu'il était fort difficile de prévoir, et d'être forcé, pressé par les circonstances, d'acheter inconsidérément, et sans examen, de mauvaises armes et cela par paquebots entiers; il fallait, dès le début, faire tous les achats possibles dans tout l'univers, faire examiner les armes à l'arrivée et refuser les défectueuses, faire ensuite des commandes pour assurer l'avenir, non-seulement en armes, canons, etc., etc., mais encore en cuirs, couvertures, selles, harnais, chaussures, etc., etc. Toute la France devait être mise en réquisition pour la confection des uniformes, chemises, caleçons, chaussures, harnais, etc. Il fallait passer un peu sur les modèles réglementaires et prendre tout ce qui pouvait être utile.

En employant tous les instants et les ressources immenses dont disposait le pays, du 4 septembre au 29 octobre, date de la reddition de Metz, il était possible de former, avec les éléments existant, une nouvelle armée qui puisse remplacer celle qui venait d'être livrée.

Du 1ᵉʳ novembre au 15 janvier, toute la masse

organisée pouvait être jetée sur l'armée assiégeant
Paris et changer la face des choses.

Tous ces corps francs, qui couraient le pays en
dehors des lois et des réglements militaires deve-
naient dans beaucoup de circonstances un abus très-
grand.

Les corps de partisans agissant loin des armées
dont ils dépendent, doivent, pour remplir leur mandat, être composés de soldats très-disciplinés et doivent être de plus commandés par des chefs éprouvés,
capables, audacieux, ayant toute la confiance de leur
troupe. C'est alors que l'on voit s'exécuter ces coups
de mains admirables, tels que les Curaly sous le premier Empire et les Stuarts dans la guerre de la sé-
cession nous en ont donné des exemples.

Quel est le fait d'armes éclatant, le coup de main
hardi exécuté par les partisans indisciplinés de la
Défense Nationale?

Le Colonel Domalain et la légion Bretonne sont
seuls à citer dans les Vosges.

Toutes ces formations irrégulières ne peuvent être
utiles qu'autant qu'elles sont constituées longtemps
à l'avance et entièrement connues comme composition et comme commandement.

Les improviser au moment de la lutte c'est improviser le désordre.

M. Gambetta, parti de Paris en ballon, est venu mêler son activité dévorante aux travaux de la Délégation de Tours dont il prit la direction.

Plus que personne nous rendons justice au patriotique dévouement et aux efforts incessants de M. Gambetta dont il nous a été donné d'être personnellement témoin.

Malheureusement pour le pays, M. Gambetta était loin d'être un organisateur militaire, et toute son intelligence, tout son bon vouloir, ne pouvaient suppléer aux qualités essentielles qui lui manquaient.

On peut décréter tout excepté la Victoire.

La Victoire, il faut la bien préparer, heureux encore lorsque des circonstances accidentelles ne viennent pas vous l'enlever.

M. Gambetta, il faut lui rendre cette justice, a fait bon accueil à tout ce qui est venu défendre le pays, sans distinction de rangs ni d'opinions politiques, il a courageusement entrepris une tâche inconnue et ingrate. M. Gambetta avait foi en l'Etoile de la France.

Qu'il nous soit permis, maintenant, d'indiquer encore quelques-unes des causes qui ont ruiné les espérances de ceux qui tentaient le salut de la Patrie.

Le vice des brusques changements de Gouvernement est d'amener une crise générale dans toute l'administration dont il faut changer les principaux rouages : il arrive fréquemment, alors, que des fonctionnaires sont nommés qui n'ont pour tout mérite que d'avoir acclamé bruyamment le nouvel ordre de choses.

La France s'est vue couverte de nombreux Préfets et Sous-Préfets républicains, dont quelques-uns étaient des citoyens fort dignes, employant tout leur temps et toute leur intelligence à faciliter la tâche difficile du Gouvernement ; mais dont la plupart hargneux comme des ambitieux de la veille, parvenus du jour, auraient paralysé, par leur manière d'être, le dévouement et discrédité la République, si le dévouement et la République n'étaient au-dessus de pareilles atteintes.

Tout le souci de ces fonctionnaires était d'abord de se consolider dans leur emploi, puis, de faire de la propagande maladroite ; de tracasser ce qui ne leur semblait pas d'un républicanisme très-pur, et enfin de propager dans leur petit royaume un levain de réaction républicaine qui n'aurait cédé en rien aux réactions impériales.

Nous citerons quelques exemples :

Rendons d'abord hommage à un grand citoyen.

— La ville de Rennes possédait un Préfet républicain, ayant accepté ses fonctions pour la durée de la guerre et qui est mort à la tâche. M. A. Blaise, homme de bien dans toute l'acception du mot. Il nous a été donné de serrer la main de ce noble cœur, nous en conserverons toujours le souvenir ; car nous avons pu apprécier tout le profond et modeste dévouement, toute la bonté de ce vieillard dont l'estime générale récompensait la vertu.

M. Blaise, au contraire de ses collègues pour lesquels la représentation est un besoin, vivait modestement dans sa maison, et l'hôtel de la Préfecture où il se rendait dès l'aube, n'était que le chantier de ses travaux ; ses appointements étaient presqu'entièrement distribués aux pauvres, il n'en touchait qu'un chiffre modique qu'il avait lui-même fixé.

Pour compléter son éloge, si justement mérité, nous dirons que tous les partis, à Rennes, royalistes, bonapartistes, républicains de toutes nuances rendaient une égale justice et un semblable hommage à M. le Préfet Blaise.

A L..., il n'en était pas de même :

M. le Préfet avait sa garde à cheval, ses estafettes, etc., etc. On nous a raconté son installation à la Préfecture, elle est assez jolie :

Arrivée de M. le Préfet qui demande d'abord où est la caisse? (nous ne supposons pas qu'il voulut faire comme Bilboquet).

On fait comprendre à ce fonctionnaire que les fonds départementaux sont généralement placés chez le Receveur général où ils sont touchés au moyen de mandats ordonnancés et de formalités réglementaires; qu'il n'y a pas de caisse à la Préfecture, mais simplement une comptabilité.

Premier.désappointement!

— Les chevaux alors?... les écuries?...

On répond que les écuries font partie des bâtiments, mais que quant aux chevaux, si M. le Préfet veut bien dire où sont les siens on va les aller chercher et les installer immédiatement.

Deuxième désappointement!

— Et le cuisinier?...

Nouvelle réponse négative :

Troisième et dernier désappointement.

Enorme contrariété pour cet honorable fonctionnaire soi-disant républicain, qui, en arrivant à l'hôtel de la Préfecture, croyait trouver un palais tout monté, où il n'aurait besoin que de faire apporter ses faux-cols.

Ajoutez à cela des revues grotesques de la Garde Nationale et vous sentirez quel effet devait produire au milieu des dangers de la Patrie, une mise en scène aussi ridicule.

————

A Pontivy c'était autre chose?

Nous connaissons la victime du fait et nous sommes priés de le raconter?

Il y avait à Pontivy, au mois d'octobre 1870, un Sous-Préfet, toujours soi-disant républicain, nommé M...., ex-commis voyageur en vins et qui avait conservé de son premier métier l'habitude de faire de copieuses libations en l'honneur de la République.

Nous ignorons s'il est encore en fonctions et cela nous est parfaitement égal.

Le jour où la reddition de Metz a été connue à Pontivy était un dimanche.

Toute la population réunie sur la place publique se pressait autour du Sous-Préfet, porteur de la dépêche, qu'il se mit à lire à haute voix ; jusqu'ici, rien de mieux, mais là ne s'est pas arrêté le rôle de ce fonctionnaire en proie à une grande surrexcitation, il a tout simplement prêché publiquement la révolte des soldats contre les officiers et cela dans une ville où trois dépôts de cavalerie formaient des escadrons de marche qui partaient pour aller au feu où ce maître braillard se gardait bien de les accompagner.

Non content de cela, voyant un officier lire la dépêche affichée et entendant cet officier répondre à une question qui lui était adressée pour savoir si la nouvelle était officielle : « Vous le voyez, c'est affiché. » Notre Sous-Préfet toujours de plus en plus surexcité, apostrophe publiquement ce militaire, lui fait une algarade inconvenante, sous le puéril prétexte qu'il a l'air de douter que la nouvelle soit officielle et qu'il semble dire que le gouvernement en impose au pays !

D'abord l'évènement par lui-même était assez ex-

traordinaire pour permettre un doute passager :
mais telle n'était pas la pensée de l'officier qui, par
respect pour lui-même, dût inviter ce grossier fonctionnaire à se rendre à son bureau où des explica-
tions lui seraient données.

Là, M. le Sous-Préfet est confondu et a peine à en
croire les documents officiels qui lui prouvent qu'il
s'est malencontreusement adressé à un volontaire de
la Défense Nationale.

La victime de l'agression sous-préfectorale était
un officier démissionnaire, revenu il y avait quelques jours à son ancien régiment où il servait au
titre auxiliaire, et qui, marié depuis trois mois, avait
tout quitté, jeune épouse et famille pour venir faire
son devoir.

Tout autre que maître M.... se le serait tenu
pour dit; mais ce monsieur, envieux comme tout ce
qui est bas, entêté comme tout ce qui est nul, a eu
l'indignité, malgré les preuves les plus authenti-
ques, de chercher à nuire à son antagoniste dont il
était incapable d'apprécier la conduite et le dévouement.

Il en a été pour ses frais de calomnie : il a pu, et
il peut encore constater l'infructuosité de ses efforts.

M. le Sous-Préfet M.... n'aimait pas les officiers

et cherchait toujours à leur être désagréable. Voici une de ses raisons :

Lors de sa nomination à Pontivy, friand d'honneurs comme tous les parvenus indignes de leur position, il écrivit au Commandant d'armes de la Place pour le prévenir qu'il était disposé à recevoir la visite du corps des officiers de la garnison.

Comme d'après les réglements en vigueur, cette visite n'était pas due à M. le Sous-Préfet, l'honneur en fut refusé à M. M....; de là une grosse vanité blessée et la rancune que vous savez.

Beaucoup d'autres Sous-Préfets, ejusdem farinæ, au lieu de s'occuper spécialement de la Défense du Pays, qui était le besoin le plus pressant, s'amusaient à faire faire des conférences ayant pour titre : « Monarchie et République, » ou d'autres sujets analogues. Cela pouvait être salutaire à une autre époque, mais alors le seul devoir et la seule pensée devaient être de chasser l'ennemi.

Nous en passons, et des meilleurs.

A part quelques exceptions, dans la plus grande partie de la France, l'administration faisait plus de politique que de Défense Nationale.

II

L'ARMÉE DE BRETAGNE

Le 22 octobre 1870, la Délégation de Tours nomma M. de Kératry Général en chef de l'armée de Bretagne, avec le grade de Général de Division de l'armée auxiliaire.

Par le même décret, elle lui adjoignit, avec le titre de Commissaire-Général des forces de Bretagne, M. Carré-Kérisouët, ancien député des Côtes-du-Nord, avec le rang de Général de Brigade de l'armée auxiliaire.

L'armée de Bretagne devait se composer des Gardes-Nationaux mobilisés et des Gardes-Nationaux mobiles, encore en formation, des cinq départements formant l'ancienne province de Bretagne. Des marins volontaires, des batteries de la Garde Nationale mobile, formées à Lorient, devaient composer l'artillerie. Quant à la cavalerie, elle devait comprendre

quelques escadrons promis par le ministère de la
Guerre, les Eclaireurs des Côtes-du-Nord, sous le
commandement de M. Louis Kérisouët, les Eclaireurs
d'Ille-et-Vilaine et les Eclaireurs Nantais. Ces deux
derniers Corps n'ont pas réussi à se former entièrement, et n'ont pas quitté Rennes et Nantes.

Voilà quels éléments étaient mis à la disposition
de M. de Kératry.

A son appel, beaucoup d'officiers de Marine, démissionnaires, beaucoup d'anciens militaires sont
venus se mettre sous ses ordres. Quelques officiers
de l'armée lui furent adjoints.

Des ingénieurs civils composèrent le Génie sous la
direction de M. Rousseau, ingénieur hydraulique à
Brest, qui fit au camp les travaux les mieux appro-
priés à la Défense et à la position : sous cette habile
impulsion, des redoutes, tout un système de répartition des eaux, des voies de communications maca-
damisées, un débarcadère, des magasins s'établirent
comme par enchantement.

Des administrations civiles formèrent l'administration et l'intendance, en un mot, les cinq départements de Bretagne rivalisèrent de zèle pour l'habillement et l'équipement de cette armée à laquelle il
n'a manqué que des armes pour rendre de grands
services à la Patrie.

M. de Kératry joignait à de grands talents organisateurs une initiative à toute épreuve que rien ne
rebutait.

C'est ainsi qu'en trois semaines il était parvenu à
réunir au camp de Conlie plus de 50,000 hommes.

Le Général Laverdo, directeur au ministère de la
Guerre, ne tint pas les promesses d'armes qui avaient
été faites à l'armée de Bretagne, de là des tiraillements qui furent cause, en partie, du retrait de
M. de Kératry, qui était mis dans l'impossibilité
d'assurer sa responsabilité et d'accomplir sa mission;
sa lettre, publiée par tous les journaux, n'a pas besoin d'être reproduite ici.

M. de Kératry se vit frustré du résultat de ses efforts et de sa sollicitude pour assurer l'existence de
sa nombreuse armée, que des marchés passés à l'a-
vance lui avaient garantie pour toute la durée de la
Guerre.

Dans la partie des subsistances, il fut grandement
secondé par M. Charlon et par MM. Avril, frères,
dont le dévouement et l'activité intelligente ont été
au-dessus de tout éloge.

Le 25 novembre 1870, le Mans paraissant menacé
par l'ennemi, M. de Kératry, bien qu'il ne fut pas
prêt, forma à la hâte une division, sur la prière

instante du ministère de la Guerre, et se porta en avant du Mans, à la position d'Ivrée-Lévêque.

Le lendemain, il résignait son commandement.

Nous n'avons pas à apprécier les motifs de cette décision de M. de Kératry, il appartient à lui seul de les faire connaître ou de les taire; pour nous, pour tous ceux qui ont fait partie de l'armée de Bretagne il est avéré que le Général en chef de cette armée a été poussé à bout par les tracasseries du ministère de la Guerre, qui ne pouvait voir favorablement une armée indépendante s'organiser isolément et échapper à son contrôle.

L'armée de Bretagne était, d'ailleurs une anomalie qu'excusait et que justifiait entièrement les besoins du moment; mais, malgré les excellents éléments qui composaient cette armée, éléments que l'on n'a pas employés, il était difficile de les admettre en principe.

Comme force militaire, l'armée de Bretagne ne pouvait être qu'une exception : toutefois, de grands efforts avaient été faits, et, exception ou non, il était du devoir du Gouvernement de les utiliser.

C'est ce qui n'a pas eu lieu.

La Division qui était en avant du Mans, fut incorporée au 21me corps d'armée et mise sous le commandement de M. le Général Goujeard de l'armée auxiliaire.

Elle fit partie de la deuxième armée de la Loire. C'est la seule Division de l'armée de Bretagne qui ait été utilisée avec les bataillons d'Ille et-Vilaine, arrivés la veille de la bataille du Mans.

Le reste, environ 40,000 hommes portés sous peu de jours à 58,000, par les arrivées ultérieures, fut placé sous le commandement de M. le Général Le Bouëdec, de l'armée auxiliaire, avec le titre de commandant du camp de Conlie.

Le Général Le Bouëdec, est un ancien officier de l'armée, aide de camp du Général Levaillant à l'armée de Crimée et à l'armée d'Italie laissé pour mort à Malakoff et chevalier de la Légion d'honneur. Démissionnaire en 1863, il fut nommé en 1870, colonel du régiment des Mobiles des Côtes-du-Nord et vint à Paris au mois de septembre dernier avec son régiment pour concourir à la défense de la Capitale.

Renommé Colonel par ses soldats à l'époque des élections aux divers grades, M. le Bouëdec n'a pas voulu garder un Commandement qu'il tiendrait de source électorale et il demanda l'autorisation de partir de Paris en ballon pour aller activer, sous M. de Kératry l'organisation de l'armée de Bretagne.

Chargé de dépêches, il partit avec un marin par aéronaute et, en trois heures, tomba à Molsheim à 12 kilomètres de Strasbourg.

Les Alsaciens, dévoués et Français comme toujours, s'empressèrent de lui venir en aide et c'est à eux qu'il doit d'avoir pu sauver sa vie et ses dépêches.

Il parvint à gagner Belfort, à travers les Vosges, par une marche de près de 40 lieues.

Arrivé à Tours, il fut renvoyé à l'armée de Bretagne avec son ancien grade.

Nommé ensuite Général de Brigade, au titre auxiliaire, il était commandant du camp lors de la retraite de M. de Kératry.

M. le Général Le Bouëdec, dès le début de son commandement, froissa les susceptibilités ombrageuses de bon nombre d'inutilités, qui profitant d'une organisation hâtive avaient créé quelques abus inévitables.

Des positions furent régularisées et un frein fut mis au luxe des galons : ce ne fut pas sans murmures. Toutefois, comme le Général était un bon militaire et qu'il se préparait à développer l'instruction théorique et pratique des officiers et de la troupe nous ne doutons pas qu'il ne fut arrivé promptement à un bon résultat.

Sur ces entrefaites, le ministre de la Guerre qui voulait faire éplucher les comptes et l'organisation de l'armée de Bretagne envoya une commission composée du Général Haca, d'un Intendant et d'un Lieutenant-Colonel d'artillerie pour prendre possession du camp de Conlie au nom du ministère.

Cette commission rendit elle-même justice à l'administration de l'armée de Bretagne, dont la comptabilité à jour et les dépenses justifiées avec pièces à l'appui lui furent présentées en 4 heures.

Il n'y avait pas beaucoup d'armée en France qui put alors en faire autant.

Les marchés de subsistances, passés pour toute la durée de la guerre, étaient en moyenne de 30 0/0 inférieurs aux marchés les plus avantageux de l'Intendance... Toute l'initiative de l'intelligence dégagée de la routine avait produit de surprenants résultats qui frappèrent la Commission. La discipline et la bonne tenue des troupes furent remarquables.

Il n'y eut que des louanges à donner au lieu du blâme qu'espérait le Directeur au Ministère de la Guerre, directeur qui, à la proposition faite par le Général Le Bouëdec de faire confectionner dans toutes les communes de Bretagne, des souliers de chasse dits bottines bretonnes, bien supérieurs aux souliers en usage pour marcher dans la neige; souliers que l'on ne pouvait se procurer, avait répondu tout simplement que ce n'était pas le modèle réglementaire *(sic)*.

Néanmoins, l'armée de Bretagne, considérée par nature comme un danger, tant au point de vue politique qu'au point de vue militaire, était appelée à une prompte désorganisation.

C'est alors qu'eut lieu une petite intrigue que nous tenons à signaler.

En même temps que M. de Kératry, M. Carré-Kérisouët, Commissaire général des forces de Bretagne, avait envoyé sa démission par la raison que, comme le Général en chef de l'armée, il avait eu à souffrir des procédés du Général Loverdo.

Malheureusement, il existe certaines personnes qui ont toujours besoin d'être quelque chose et à qui l'ambition vient par bouffées, soit qu'elle leur soit soufflée, soit naturellement; toujours est-il que M. Carré-Kérisouët n'eut pas plutôt envoyé sa démission qu'il écrivit à M. Gambetta pour la retirer, ce que M. Gambetta lui accorda de bonne grâce.

M. Carré-Kerisouët avait six ou sept officiers d'ordonnance, dont trois officiers supérieurs, des secrétaires et un historiographe pour l'armée de Bretagne. M. le Général Le Bouëdec refusa d'ordonnancer le paiement de l'entrée en campagne de cette foule d'Etat-Major.

Un dissentiment s'éleva ensuite au sujet d'un Directeur des ambulances (inutilité déjà supprimée par M. de Kératry) qui cherchait à reparaître sous M. Le Bouëdec qui le fit conduire hors du camp.

Nous nous sommes engagés à dire la vérité, nous la dirons tout entière.

Ce Directeur, avec magnifique plisse aux galons de Colonel, cinquième roue de char des ambulances, a nom Fouché-Careil, son homonyme, ou lui-même, a été nommé Préfet des Côtes-du-Nord. Nous ne pensons pas nous tromper dans ce que nous avançons, car nous pourrions même dire l'époque exacte à laquelle cet officier supérieur de fantaisie a touché son indemnité d'entrée en campagne comme Colonel.

C'était un ami de M. le Commissaire général des forces de Bretagne.

Puis vint l'incident Laferronnaye que nous raconterons un peu plus loin.

M. Carré-Kérisouët, partit pour Tours avec des paquets pour M. Gambetta que le Géneral Le Bouëdec lui avait confiés et dont il avait bien voulu se charger.

Que se passa-t-il dans le cabinet de M. Gambetta,

nous l'ignorons complètement, ce que nous savons,
c'est qu'un nouveau Commandant fut nommé au
camp de Conlie, devenu camp d'instruction.

M. le Général Le Bouëdec fut nommé à un commandement actif au 16me corps (deuxième armée de
la Loire, Général Chanzy), où il rendit de brillants
services et fut fait officier de la Légion d'honneur.

III

INCIDENT LAFERRONNAYE

M. le Général Le Bouëdec avait, pendant son commandement, fortement stigmatisé la conduite d'un
Lieutenant-Colonel de Mobiles qui, ayant lâché pied
au combat de Bretoncelles (Orne), avait été cause du
sacrifice inutile d'un bataillon d'infanterie de Marine
qu'il avait engagé et qu'il avait ensuite lâchement
abandonné; bataillon qui s'était fait hâcher par l'ennemi.

14*

Ce chef indigne, après une course de 18 lieues, arriva à Sillé-le-Guillaume, se disant poursuivi par l'ennemi et demanda télégraphiquement à l'Inspecteur principal de la Compagnie de l'Ouest, alors à Rennes, un train spécial et immédiat pour ses troupes et pour lui, autrement ils allaient être faits prisonniers par l'ennemi.

Grande fut l'alarme en Bretagne et au camp de Conlie.

En effet, si les Prussiens arrivaient à Sillé-le-Guillaume, ils étaient à la porte de la Bretagne et l'armée au camp de Conlie se trouvait enveloppée avec ses communications coupées.

Le Général Le Bouëdec envoya immédiatement le Colonel du Génie Rousseau à Sillé-le-Guillaume, pour savoir exactement ce qu'il en était et pour faire une enquête.

Le rapport du Colonel Rousseau a été adressé au Ministre de la Guerre.

Des reconnaissances envoyées dans toutes les directions et poussées fort au loin, démontrèrent que l'ennemi n'avait pas dépassé Mamers où ses coureurs s'étaient arrêtés.

C'est alors que M. le Général Le Bouëdec adressa à tous les Préfets et Sous-Préfets de la Sarthe, de

la Mayenne et des cinq départements de Bretagne,
le télégramme suivant :

« Rassurez les populations, l'ennemi n'a pas dé-
» passé Mamers; Commandant Laferronnaye est un
» misérable... »

Le coup était dur, mais il était mérité, et à toute
autre époque le Lieutenant-Colonel de Laferronnaye
eut été traduit devant un Conseil de guerre, con-
damné à mort et fusillé.

La famille de M. de Laferronnaye fit des démar-
ches, elle entama même une polémique pour tâ-
cher d'innocenter le coupable et de sauver son honneur compromis. Les lâches qui avaient fui avec lui
lui prêtèrent, dans cette circonstance, un fraternel
appui; une lettre fut surprise, nous aimons à le
croire, à M. Gambetta, qui délivra, sans être complètement édifié, un brevet de bravoure à M. de Laferronnaye.

Nous renonçons à expliquer une chose inexpli-
cable.

Nous racontons les faits, nous avons les preuves
en main : l'histoire jugera. Les témoins sont MM. Le
Bouëdec, Rousseau, l'Inspecteur général de la Compagnie de l'Ouest, la municipalité de Bretoncelles,
celles de Mamers et de Sillé-le-Guillaume, nous citerons d'ailleurs l'extrait d'une lettre d'un officier, vice

time de la fuite du Lieutenant-Colonel de Laferronnaye au combat de Bretoncelles.

M. Ernest Pommerelle, capitaine au 1er régiment d'infanterie de Marine, blessé grièvement au combat de Bretoncelles, s'exprime en termes fort justes sur M. le Lieutenant-Colonel des Mobiles de Laferronnaye, sous les ordres duquel son bataillon, pour son plus grand malheur, venait d'être placé lorsque M. de Laferronnaye engagea l'action sans se douter qu'il engageait un combat contre tout le corps du duc de Mecklembourg avec 1,800 hommes et 2 pièces de canon.

Nous relevons ce passage de la longue lettre de M. le capitaine Ernest Pommerelle, lettre écrite à sa sœur aînée qui le pleure aujourd'hui, car ce brave officier, déjà blessé à Sedan, est mort des suites de blessures reçues au combat de Bretoncelles.

« Je ne t'ai pas raconté le combat du 21, mais il
» est bon que je le fasse ; quand on voit, sur les murs
» de Bretoncelles, des gens qui se couvrent de la
» peau du lion après le combat. Je veux parler de
» M. de Laferronnaye ; avec de l'argent on peut
» acheter de la gloire, même dans le *Bonhomme Nor-*
» *mand*, journal de la localité. »

M. Ernest Pommerelle, après avoir raconté son départ de Cherbourg et son arrivée à Bretoncelles où son bataillon, sous les ordres de M. le Chef de bataillon Herbillon, fut placé sous le commandement de M. de Laferronnaye, chargé de la défense d'un pays qu'il connaissait et où il était depuis quinze jours.

Après avoir fait ressortir, topographiquement, le manque de sens militaire de M. de Laferronnaye, après avoir raconté les dispositions particulières de sa compagnie et son rôle dans le combat, continue ainsi :

« Dans Bretoncelles, on se défendait comme l'on
» pouvait, la batterie de Mobiles, adossée à la pointe
» de la gare, se composait de deux pièces, elle n'a-
» vait pas un feu bien nourri et ménageait sans
» doute ses munitions. Une compagnie d'infanterie
» de Marine à droite et à gauche des deux pièces les
» protégeait, le reste était déployé en tirailleurs et
» embusqué comme il avait pu. Les compagnies de
» Mobiles tâchaient de résister au feu des tirailleurs
» des Cracotières ; en un mot, nous défendions le dé-
» filé à sa sortie. Et dire que M. de Laferronnaye,
» qui commandait, était depuis quinze jours dans le
» pays et que son intelligence ne lui avait pas dit
» de prendre les Cracotières et le plateau d'Arde-
» lain.

» Enfin, vers deux heures de l'après-midi, le feu

« devint si meurtrier que mon aile gauche disparut.
». Complètement découvert par mon flanc droit, dé-
» couvert par mon flanc gauche, j'étais obligé de
» battre en retraite, et à ce moment je tombais la
» cuisse droite fracassée et la cuisse gauche traver-
» sée. Je regardais du côté de Bretoncelles, le feu de
» nos pièces avait cessé depuis longtemps, on ne
» voyait plus aucun Mobile. *M. de Laferronnaye était*
» *parti depuis dix heures du matin,* tout le bataillon
» d'infanterie de Marine continua de soutenir le choc,
» deux compagnies de Chasseurs sont arrivées un peu
» avant la fin du combat et nous ont donné un bon
» coup de main.

» Si j'écris ceci c'est pour bien faire ressortir l'in-
» curie de M. de Laferronnaye qui ose encore cher-
» cher de la gloire sur les affiches et dans les jour-
» naux.

. . . .

» M. de Laferronnaye, lisons-nous plus loin, a
» prouvé qu'il n'avait aucune notion de la guerre,
» qu'il la fasse donc au coin de son feu et qu'il n'en-
» voie pas à la boucherie et n'abandonne pas, comme
» il l'a fait au combat de Bretoncelle, dans l'affaire
» du 21 novembre, de braves garçons qui demandent
» à verser leur sang pour leur Patrie mais qui de-
» mandent aussi d'autres chefs.

*Autre extrait d'une lettre d'un Notable de la loca-
lité :*

Remalard, 5 décembre 1870.

« Apprends, avec ménagement, aux parents de
» Pommerelle, la blessure que ce dernier a reçu au
» combat de Bretoncelles. Il a été amputé, il va bien
» et j'ai soin que rien ne lui manque, il est couché
» dans le lit de l'instituteur de Bretoncelles.

» Il était placé dans un petit bois qui domine la
» gare de Bretoncelles, avec sa compagnie d'infan-
» terie de Marine, la fusillade, la canonade ont com-
» mencé à la pointe du jour; *mais le Commandant de*
» *la Garde Mobile s'étant sauvé avec sa femme au com-*
» *mencement de l'action,* la Marine a été tournée,
» mais s'est défendue jusqu'à la dernière extrémité;
» on se battait à 10 mètres.

» Signé D..... »

Nous laissons au public le soin d'apprécier la conduite de M. de Laferronnaye, nous ajouterons seulement que M. de Laferronnaye a été trouvé à Sillé-
le-Guillaume, après sa fuite, sablant le champagne
avec ses officiers pour fêter leur glorieux sauvetage,
tandis que l'alarme qu'il avait répandue troublait

tout l'Ouest de la France et que les victimes de son
incurie et de sa lâcheté remplissaient les ambulances
et couvraient le champ de bataille.

Nous n'aimons pas à frapper les malheureux qui
sont à terre, si M. le Lieutenant-Colonel des Mobiles
de Laferronnaye avait courbé la tête, et n'eut pas
contesté les faits; s'il n'eut pas fait mendier une am-
nistie et un certificat de bravoure après avoir fui et
avoir, chef indigne, abandonné les troupes qu'il
avait engagées, nous aurions passé sous le silence
les faits qui le concernent. Mais l'impudente arro-
gance, après la lâcheté, demande à être impitoyablement punie par l'énoncé public et la proclamation des faits, avec les pièces et les témoignages à
l'appui.

Revenons à l'armée de Bretagne.

M. Glais-Bizoin, membre du Gouvernement de la
Défense Nationale, accompagné de M. de Kératry,
vint alors pour visiter le camp de Conlie et se rendre
compte de l'installation de ses compatriotes. Sa visite coïncida avec l'arrivée du nouveau Commandant
du camp de Conlie. M. de Marivault, Capitaine de
Frégate, nommé Général de Division au titre auxiliaire et Commandant du camp d'instruction de
Conlie, arriva le 9 décembre 1870, flanqué d'un

Vice-Président civil, pour prendre possession de son Commandement.

Le Vice-Président civil accompagnant M. de Marivault, n'était autre que M. Caré-Kérisouët, qui avait troqué son titre de Commissaire-Général des forces de Bretagne contre celui de Vice-Président civil du camp de Conlie.

Nous ne savons pas ce que les noms peuvent faire à la chose, ni comment les titres peuvent modifier ou améliorer les personnes; mais, pour tout militaire sérieux, pour tout homme de cœur pensant au pays envahi, pour tout esprit sain, cela tournait au grotesque, et toutes ces bulles de savon vaniteuses, toutes ces incapacités se gonflant et faisant la roue, étaient le présage certain de la prompte désorganisation de l'armée de Bretagne et de la ruine des efforts patriotiques qui l'avaient créée.

M. de Marivault, pour son entrée en fonctions, débuta par se rendre à Rennes et devant le Conseil municipal réuni, se plaignit de la tâche lourde et difficile qui lui incombait (tâche qu'il avait sollicitée comme nous l'a appris depuis la loyauté de M. Glais-Bizoin).

Il s'éleva ensuite, avec chaleur, contre l'emplacement malencontreux choisi pour l'établissement du camp de Conlie, où les enfants de la Bretagne croupissaient dans la boue. Il fallait mettre promptement un terme à cet état de choses intolérable qui n'eut jamais existé si M. de Marivault eut été le prémier commandant de l'armée de Bretagne; état de choses qu'il comptait faire promptement cesser avec l'aide du patriotique dévouement du Conseil municipal de la ville de Rennes, etc., etc.

Nous le demandons de bonne foi.

Au mois de décembre 1870, toutes les armées en campagne n'étaient-elles pas dans la neige ou dans la boue? Lorsque 60,000 hommes sont réunis et bivouaquent dans un espace restreint, le sol de n'importe quelle contrée n'est-il pas promptement détrempé dans la mauvaise saison, sous les pas continuels d'une pareille agglomération?

Cela n'était pas sérieux et ne souffre pas la discussion.

Le plus triste, c'est que toutes ces phrases n'étaient que le prélude de la désorganisation qui, véritablement alors, s'organisa.

Complètement incapable de former et d'instruire 60,000 hommes, M. de Marivault obtint facilement du général Loverdo, qui ne demandait pas mieux que d'en finir avec l'armée de Bretagne, que tous ces bataillons réunis à grand peine soient renvoyés dans les différentes villes de Bretagne, où chacun se demandait ce qu'ils venaient y faire, et où les esprits réfléchis supputaient combien ces brillants Etats-Majors, aussi nombreux que superflus, pouvaient coûter d'argent à la France.

En prévision d'une attaque sur le Mans ou du côté de Mamers, le Général Le Bouëdec avait fait éva-cuer sur Rennes ses magasins d'habillement, de chaussures, etc., etc., ainsi que les approvisionne-ments accumulés au camp de Conlie. Un fonction-naire de l'administration, installé à Rennes, faisait partir pour le camp tout ce qui lui était demandé au fur et à mesure des besoins.

La Bretagne étant naturellement la base d'opéra-tion et la ligne de retraite de l'armée campée à Con-lie, rien de plus sage que cette mesure : les événe-ments l'ont prouvé.

M. de Marivault n'a rien trouvé de plus judicieux que de faire tout revenir au camp, en même temps qu'il faisait disperser toutes ses troupes en Bretagne et ne conservait à Conlie que les quelques bataillons d'Ille-et-Vilaine qui ont pris part à la bataille du Mans.

Aussi qu'arriva-t-il ?

Lorsque l'ennemi est arrivé à Conlie, le temps a manqué pour tout faire évacuer, et M. de Marivault et son Vice-Président civil étant déjà en sûreté, les

magasins, ce qu'ils renfermaient et les approvisionnements sont devenus la proie et le butin des Allemands.

Il est difficile de peindre ce que le passage des
troupes de Bretagne, se rendant dans leurs diverses
garnisons, avait de poignant pour le cœur des populations Bretonnes qui voyaient ainsi échouer et
avorter le fruit de leurs sacrifices et de leurs efforts.

Dans leur juste indignation, elles ont pu aveuglément maudire ceux qui avaient été les promoteurs
et les organisateurs de l'armée de Bretagne. Ce ne
sont pas les coupables, ils ont fait tout ce que des
hommes de cœur et de bonne volonté pouvaient accomplir en aussi peu de temps. La cause véritable de
la ruine de l'armée de Bretagne s'appelle jalousie et
médiocrité; les vrais coupables sont ceux qui ont,
à tout prix, désorganisé ce qui leur faisait om-
brage.

Il est à constater que depuis le 10 décembre au 10
janvier 1871, époque à laquelle M. de Marivault est
venu solliciter auprès du Général Chanzy l'honneur
de prendre part à la lutte, il a reçu des armes qui
n'ont pas été distribuées en temps et lieu.

Si M. de Marivault avait employé son temps et les
moyens mis à sa disposition, il pouvait mettre en

ligne de bonnes troupes bien armées, il eut été d'un grand secours à l'armée de la Loire pendant la bataille du Mans, tandis que son concours lui a été funeste et lui a enlevé un succès assuré.

Il fallait s'abstenir alors, ne pas donner à **M.** le Général de La Lande des troupes mal armées qui devaient fuir au premier obus; il ne fallait pas sacrifier l'honneur d'un honnête homme, d'un bon militaire en sollicitant le combat pour ses troupes armées de fusils à piston, fusils américains dont une grande partie des cheminées n'étaient même pas percées, tandis que de bonnes armes auraient pu être distribuées qui se trouvaient soit à Conlie, soit dans les corps dispersés en Bretagne.

Ces pauvres mobilisés d'Ille-et-Vilaine à qui toute la France a jeté la pierre, qu'elle a accusés, comment pouvaient-ils avoir confiance et foi dans le succès en se voyant si ridiculement armés (comme l'ont prouvé les examens faits à l'arsenal de Rennes par la direction d'artillerie), en face d'adversaires ayant des fusils à aiguilles?

Plus qu'à personne, il nous a été donné d'admirer toute la bonne volonté inépuisable et toute l'obéissance des Mobilisés Bretons qu'il eut été facile à M. de Marivault d'utiliser fructueusement, en s'appuyant sur ces deux grandes vertus militaires, qui leur sont propres pour compléter l'instruction qu'ils avaient déjà reçue.

Lorsque M. de Marivault a pris le commandement du camp de Conlie, il a trouvé des hommes déjà dégrossis, sachant vivre au camp et bivouaquer, mal armés, il est vrai, mais ayant déjà tiré un coup de fusil.

Le tir à la cible était en voie d'exécution. La salle des Conférences militaires pour les officiers était achevée et les cours allaient commencer le jour même de son arrivée. Avec de pareils éléments qu'il devait et pouvait compléter, il était facile, à tout autre militaire que lui, d'arriver à un autre résultat qu'une débandade.

Nous insistons beaucoup sur ses données parce que nous écrivons avec la plus entière connaissance de cause, et nous demandons que lorsque la France sera rendue entièrement à elle-même, il soit fait une enquête sévère sur la conduite de chacun; enquête qui justifiera, nous en sommes persuadés tout ce que nous avançons aujourd'hui.

IV

LES ABEILLES ET LES FRELONS DE LA DÉFENSE
NATIONALE

Ce chapitre de morale, tiré des fables de La Fontaine, que nous intercalons dans la Défense Nationale, nous a été inspiré par la masse de gens inutiles, remuants, âpres aux bonnes positions lucratives et aux récompenses imméritées qu'il nous a été donné de rencontrer dans nos diverses pérégrinations, pendant la campagne, et de voir se pousser et mendier avec acharnement après la signature de la paix.

La France, pendant cette crise que l'on appelle la Défense Nationale, peut-être considérée comme une grande ruche où se distillait le salut de la Patrie.

Les hommes de cœur qui y ont travaillé de toutes leurs forces, par dévouement, n'ayant d'autre vue que d'être utiles et de se retirer ensuite, récompensés ou non :

Ce sont les abeilles.

Les hommes qui ont cherché à profiter du moment pour se donner un semblant d'importance, qui, à l'abri de titres sonores, cachant leur inutilité, n'ont pensé qu'à sauver leur vie, leur position et leur fortune :

Ce sont les frelons.

Nous laisserons à tous les citoyens le soin d'apprécier la conduite de ces Messieurs. C'est la seule manière d'être équitable.

Ainsi, que chacun cherche les gens qui se sont mis beaucoup de galons, qui se sont fait faire de brillants uniformes, qui ont étalé leur puéril importance, leur bruyante médiocrité, mais qui n'ont jamais perdu de vue le clocher natal, ou bien qui ont déployé de grands talents stratégiques pour ne pas s'exposer :

Frelons, pas autre chose !

Cherchez les importants, subitement couverts des insignes de la Convention de Genève, les Directeurs d'ambulance sans ambulance, les empressés que nous appelions la Société des brassards réunis, brassards si nombreux que dans certaine ville, après une grande bataille, ils ont failli faire la fortune d'un marchand de nouveautés.

Rappelez-vous tous ces peureux, abritant leur frayeur sous le bénéfice d'une bonne action :

Frelons, encore frelons !

Cherchez dans tous les Etats-Majors si nombreux des Généraux de Mobilisés ou autres, les brillants officiers d'ordonnance, soldats de la veille, qui n'y faisaient rien, ne sachant rien, et qui s'étaient glissés là par faveur et parce que l'on n'y était mieux qu'ailleurs.

Dans toutes les armées en formation cherchez les administrations superflues et les nombreuses personnalités, non-seulement inutiles, mais encore encombrantes !

Frelons ! toujours Frelons !

Jusqu'ici ce sont les frelons peu dangereux qu'il était difficile d'écarter, mais il est une seconde catégorie bien plus redoutable : c'est celle des frelons voleurs ; ces derniers sont tout-à-fait des êtres nuisibles qu'il faut priver de leur dard.

Cette catégorie est nombreuse, elle comprend tous ceux qui ont obtenu des positions inespérées par faveur, passe-droits ou autres moyens et cela au détriment de gens, bien plus méritants, qu'ils ont ainsi frustrés.

Elle comprend tous ceux qui ont profité du trouble et des circonstances critiques où se trouvait le pays pour mendier des commandements ou des emplois dont ils étaient indignes et qu'ils n'ont pas su remplir, pour voler des récompenses qu'ils n'ont pas méritées.

Il faut parfaitement établir la situation et montrer quelle perturbation morale et quelle découragement l'impudente réussite de ces frelons voleurs, produit dans les contrées qui en sont les témoins.

La France, malgré ses blessures, malgré les ruines qui la couvrent, cherche à distinguer ses enfants les plus dévoués et à les signaler à la considération de leurs concitoyens ; non-seulement comme récompense, mais encore pour servir d'enseignement et pour exciter de nobles émulations.

Telle est la pensée du chef du pouvoir exécutif lorsqu'il signe des nominations dans la Légion d'honneur.

N'est-il pas déplorable que des sentiments aussi élevés soient faussés dans leur application, et lorsque l'on voit, comme il nous a été donné de le voir, des récompenses s'égarer sur des têtes dont l'indi-

gnité est tellement notoire que la nouvelle de leur
nomination est un scandale public dans les localités
qu'ils habitent, scandale reproduit et consacré par
les journaux qui restent sans réponse : nous ne pouvons que flétrir de pareilles intrigues, et en les signalant tout haut à l'opinion de tous, consoler et encourager les héros méconnus, les serviteurs fidèles du
pays, les malheureux officiers blessés ou amputés,
humbles martyrs du devoir que ces frelons voleurs
ont privés de la distinction qui leur était due, juste
récompense de leur courageuse et douloureuse abnégation.

Aux populations révoltées, aux consciences rem-
plies de dégoût à la vue de semblables turpitudes,
nous dirons cette triste vérité :

Le Chef du Pouvoir exécutif, le Ministre de la
Guerre ont été trompés; s'ils connaissaient exactement les faits, ils seraient plus révoltés que vous,
car ils se sont rendus, malgré eux, les innocents
complices de ces indignités.

Mais hélas, en France, depuis longtemps, tout était
donné à l'intrigue, la bassesse était en haut comme
en bas; les ressorts de cette administration gâtée
n'ont pu encore être entièrement purifiés, et il faudra plusieurs années avant que cette vaste écurie
d'Augias soit enfin nettoyée.

Les gens que votre vindicte punit aujourd'hui, ont profité de la confusion du moment pour escamoter, par des influences honteuses, cette croix de la Légion d'honneur qu'ils savaient ne pas mériter et qu'ils désespéraient de mériter dans l'avenir.

Vous en avez fait prompte et loyale justice et, grâce à vous, cette croix portée par des poitrines indignes est devenue un stigmate ineffaçable qui les déshonore et les crucifie : leur regard doit s'abaisser avec confusion ; la honte doit les mordre au cœur si elle ne leur monte au front lorsqu'ils rencontrent une de ces nobles victimes de la Guerre, soldat ou officier, que leur bassesse a volé.

Attendez de l'avenir une plus grande réparation. Aidez le Pays à s'asseoir sur des bases solides en ne confiant vos intérêts qu'à des citoyens foncièrement et moralement honnêtes. Consolidez de tous vos efforts la République qui mettra partout des fonctionnaires intègres, qui ne craindront pas de mettre au jour leurs mains, leurs poches et leur conscience en quittant le pouvoir.

Elevez nos jeunes générations dans des sentiments justes et virils, qu'elles aient en dégoût la bassesse et l'intrigue, et vous verrez disparaître à jamais toutes ces infamies,

V

METZ

La reddition de Metz a porté le plus rude coup à la Défense Nationale qui, sans cettec atastrophe, fut parvenue à débloquer Paris et à le ravitailler.

Nous n'étions pas à Metz, et il nous est difficile de dire comment la plus belle et la meilleure armée de la France a été réduite d'abord à l'inaction ensuite à une capitulation.

Nous ne savons, de ce qui s'est passé sous Metz, que ce que nombre d'officiers qui s'en sont échappés nous ont raconté sans aucun caractère officiel.

M. le Général Changarnier a cherché, à la Chambre, à justifier le Maréchal Bazaine et il n'est arrivé qu'à faire constater les fautes militaires du Maréchal.

Ces fautes ne sont-elles que des fautes? ou bien, comme beaucoup les qualifient, sont-elles des trahisons? C'est au Gouvernement à l'apprendre au Pays en faisant faire une enquête sévère sur la reddition de Metz comme sur celle de toutes nos villes fortes.

L'enquête impartiale! il la faut pour la justification ou la condamnation du passé, pour les besoins du présent et pour l'intérêt de l'avenir.

Le Maréchal Bazaine a-t-il trompé son armée en faisant mettre à l'ordre de fausses et terribles nouvelles sur la prétendue désorganisation de la France; nouvelles qui lui étaient fournies par l'Etat-Major Prussien et qui devaient enlever à tant de braves gens sous ses ordres l'envie de se défendre et paralyser leur courage?

Il doit rester des traces de ces ordres s'ils ont été copiés et lus?

Le Maréchal a-t-il envoyé un Général, son subordonné, au Gouvernement déchu ?

A-t-il fait de la force qu'il avait entre les mains un instrument de parti, en la faisant se dissoudre, parce qu'il préférait telle dynastie ou tel mode de Gouvernement au salut de son pays ?

Le Maréchal Bazaine a-t-il été ce que M. Gambetta a proclamé à toute la France et à toute l'Europe ?

A-t-il livré son armée ?

Est-il traître à sa Patrie ?

La France attend toujours une certitude à cet égard.

Entrons-nous, oui ou non, dans une ère de justice ? Des magistrats prévaricateurs viennent d'être justement flétris, cela est très-bien, mais sera-ce tout ?

La justice atteindra-t-elle tous les criminels quels qu'ils soient ? ou bien est-il encore des grâces d'Etat qui sauveront certains coupables et rendront le crime inviolable parce qu'il touche aux cimes de la Société ?

Tout le pays désire être entièrement fixé sur ce sujet vital.

Les questions de personnes sont toujours brûlan-
tes, nous ne l'ignorons pas, mais lorsqu'on voit ce
que nous coûte la Paix imposée par le vainqueur, il
importe de savoir exactement si la fatalité est la
seule et unique cause de nos désastres.

Que tous les commandements, quels qu'ils soient,
soient contrôlés par une Commission qui jugera de
quelle manière ils ont été remplis.

L'intérêt de tout le pays est engagé à ce que rien
• ne reste dans l'ombre.

En effet, si d'un côté il n'est pas fait une écla-
tante réparation à des Chefs odieusement calomniés,
qui, en France, osera désormais accepter un commandement, lorsque l'insuccès peut être taxé de
trahison.

Si d'un autre côté, il n'est pas fait entière justice
des misérables indignes de l'honneur que leur a fait
le pays, en leur confiant une partie de ses forces,
qu'ils paraissent, selon l'accusation, avoir désorga-
nisées et livrées à l'ennemi. Quelle confiance le soldat Français aura-t-il désormais dans ses chefs supérieurs après tous les exemples de capitulations
donnés depuis un an ?

Pas de demi-mesures ni de replâtrages.

L'affaire de Metz, celles de toutes les villes fortes

de tous les commandements sont encore un problème
pour la France, il faut que ce problème soit publiquement résolu.

———

Sans se laisser abattre par les revers, la Défense
Nationale organisait armée sur armée, et plaçait à
leur tête des généraux qui ne faisaient que paraître
et disparaître.

Il y avait comme un parti pris d'user tout ce qu'il
y avait en France de prestige militaire.

Le parti civil qui était au ministère de l'intérieur
et au ministère de la guerre, cédait à de mauvaises
inspirations en faisant ainsi litière des épaulettes et
des grades.

Il décourageait les éléments militaires et rencon-
trait toujours une opposition sourde chez tout ce qui

16*

ne comprenait le salut du Pays que par des armées régulières.

En un mot, ce qui a paralysé la Défense Nationale, a été l'antagonisme de deux idées et les efforts contradictoires de ceux qui les partageaient, les uns n'admettant pas l'immixtion des autorités civiles dans les affaires purement militaires, les autres cherchant à effacer les militaires, à se passer d'eux et à sauver le pays par le pays. La France seule était victime de ces tiraillements. C'est ainsi que l'on a vu d'un côté une opposition d'inertie et de l'autre des attaques inconsidérées, comme d'avoir nommé des journalistes, d'anciens Préfets, Généraux de Division au titre auxiliaire, et de leur avoir confié d'emblée le commandement des camps d'instruction : quelle instruction les hommes réunis dans ces camps pouvaient-ils espérer avec de semblables guides?

Pourquoi avoir nommé dans l'Etat-Major, où il faut le plus de science militaire et le plus de connaissance de tous les détails du service, tous les employés de ministères, tous les fils de famille protégés, que la couleur amarante avait séduits et qui n'étaient, malgré toute leur bonne volonté, qu'une inutilité et même une charge pour les chefs appelés à s'en servir et à les diriger.

Ces erreurs ont été passagères, il est vrai, mais elles ont été très-funestes, et surtout elles ont trop duré.

Lorsque la lutte est devenue plus décisive, M. Gambetta est revenu, mais trop tard, aux éléments véritablement militaires.

Après la bataille de Coulmiers gagnée par le Général d'Aurelles de Paladine, pourquoi n'avoir pas réuni toutes les troupes disponibles et n'avoir pas poussé l'ennemi dans les reins jusque sous Paris.

De grandes fautes militaires ont été causées par le séjour du Gouvernement à Tours, qu'il fallait couvrir et mettre à l'abri des atteintes de l'ennemi.

De là une grande gêne dans les opérations, les armées ayant besoin d'avoir entièrement leurs coudées franches, le siége du Gouvernement aurait dû être porté loin du théâtre de la lutte.

La dernière faute, et la faute capitale de la Délégation de Bordeaux a été de scinder l'armée de la Loire en deux parties et d'envoyer le Géneral Bourbaki se perdre dans l'Est.

Puisqu'avec beaucoup de peines une grande et forte armée avait été réunie, il fallait agir en un tout compacte et la lancer successivement sur toutes armées Allemandes sur lesquelles, pour la première fois de la campagne, nous aurions eu l'avantage du nombre.

A notre avis, le plan de la Défense Nationale était bien simple : Il avait reuni environ 250,000 hommes il fallait envoyer 25,000 hommes en colonne volante dans l'Est, donner la main aux corps francs des Vosges, en faire agir un même nombre dans l'Ouest entre le Mans et Chartres, pour occuper l'ennemi de ces deux côtés, puis, avec la masse, tomber successivement sur le prince Frédéric-Charles et sur les Généraux Manteufeld et Verder.

En un mot, il fallait opposer pour les batailles décisives, les masses aux masses.

Nous ignorons si le succès eut couronné ce plan, mais, au point de vue stratégique, c'était le seul effort rationnel à tenter dans ces circonstances, le seul qui put produire un résultat sérieux.

Malgré tous les éléments incomplets et vicieux dont se composaient les armées de la Défense Nationale, elle a mis en relief des personnalités militaires jusqu'alors inconnues, et ses soldants improvisés ont donné, plus d'une fois, bien du mal aux troupes Allemandes.

Nos adversaires se rappelleront la deuxième armée de la Loire, ainsi que l'armée du Nord. Ils pourront célébrer les anniversaires des batailles de St-Quentin, du Mans, etc. Si les avantages définitifs leur ont été assurés par des renforts reçus et par l'immense supériorité du nombre, ils savent à quel prix ils les ont remportés. L'orgueil et les nécessités politiques leur font taire leurs pertes ou bien n'accuser que des chiffres ridicules, mais les Sociétés étrangères qui ont soumis les cadavres à la cinération ont pu constater de quel côté la lutte avait été le plus courageusement soutenue.

Les noms des Généraux Chanzy, Faidherbe, du Vice-Amiral Jaureguiberry, de Charette et de ses Zouaves ne seront pas oubliés non-seulement par la France : mais encore par l'Allemagne.

En dehors du premier rang, bien des dévouements resteront inconnus, que l'histoire ne pourra recueillir, qui n'en ont pas été ni moins nobles ni moins élevés.

Honneur soit rendu à tous ceux, Généraux, Colonels, Chefs de corps, qui ont courageusement tenu l'épée jusqu'à la fin, et cela avec des soldats si peu solides, si peu formés, qu'en les menant au feu, ces Chefs dévoués jouaient plus que leur propre vie, mais risquaient encore chaque jour leur honneur !

Les éléments mêmes ont été contre nous.

Depuis longtemps on n'avait eu à supporter une saison aussi rigoureuse.

Des vaisseaux chargés d'armes et de munitions, impatiemment attendues, ont fait naufrage.

La fatalité a semblé nous poursuivre sans relâche, comme pour nous infliger un terrible châtiment, logique conséquence de nos fautes.

***

En résumé, la Défense Nationale a été l'effort suprême de tout ce qui, en France, aimait véritablement son Pays. Elle a été la lutte acharnée du droit contre la force.

La défense de l'esprit de nationalité contre l'esprit de conquête.

La défense de la liberté contre l'autocratie.

Nous avons perdu la bataille. La Force a primé le droit.

L'Alsace et la Lorraine sont séparées de nous, et ce qui n'a pas encore eu d'exemple dans le monde, une contribution de cinq milliards nous a été imposée.

Malgré ce résultat désastreux, malgré tout le sang répandu, malgré toutes les plaies, tous les deuils et toutes les douleurs, la France, de toutes ces ruines amoncelées sur elle par son implacable Ennemie, dont elles sont la honte, la France a sauvé son honneur.

Elle l'a sauvé intact.

C'est à la Défense Nationale, c'est à tous ceux qui ont combattu jusqu'au dernier moment, qui ont défendu pied à pied le sol de la Patrie, c'est à tous ces nobles martyrs éparpillés sur son territoire que la France doit en être reconnaissante.

Les noms de tous ceux qui n'ont jamais désespéré de son salut sont gravés dans sa mémoire et dans son cœur : c'est à leur tenacité plus forte que les revers, c'est à leur dévouement aveugle, à leur foi inébranlable leur faisant oublier les éléments défectueux mis entre leurs mains et continuer la lutte avec acharnement, que la France a pu dire comme après Pavie :

Tout est perdu fors l'honneur.

CHAPITRE HUIT

L'ARMISTICE. — L'ASSEMBLÉE NATIONALE. — LA GUERRE

CIVILE

Paris, à bout de ressources, après 5 mois de siége, Paris, bombardé par les énormes pièces Allemandes dont les projectiles tombent sur les hôpitaux, sur les asiles de l'enfance et de la vieillesse, Paris, sans espoir de délivrance, est réduit à ouvrir ses portes si la France n'accepte pas la paix honteuse imposée par le vainqueur.

Si, dans un acte de suprême désespoir, Paris jette toute sa population sur les masses ennemies qu'elle ne pourra écraser, Paris sera pillé : ses richesses immenses, ses trésors de peinture, de sculpture, d'archéologie, etc., etc., seront la proie du vandalisme Allemand.

Devant de semblables conséquences, devant l'impassibilité de l'Europe, assistant froidement à nos désastres, et n'élevant pas la voix pour arrêter la barbarie écrasant la civilisation ; la France, lasse de tant d'efforts infructueux, a dû traiter avec le vainqueur : un armistice est conclu, des élections vont être faites et les élus de la nation décideront souverainement de la Paix ou de la Guerre.

Une Assemblée Nationale est réunie à la hâte pour prendre en main les destinées du Pays.

Le Gouvernement de la Défense Nationale remet le pouvoir entre les mains de l'Assemblée qui désigne ses Membres les plus éclairés pour discuter les conditions de Paix avec M. de Bismarck.

Pendant la durée de l'armistice, l'Allemagne a complété ses rangs, la France a concentré ses forces restant encore debout, et le 26 février, après bien des pourparlers, les préliminaires de la Paix sont signés.

Préliminaires semblables aux fourches caudines des anciens.

Le Vœ-Victis de Brennus nous est appliqué dans toute sa rigueur !

La Paix la plus lourde et la plus écrasante est imposée par l'autocratie Allemande à la République Française !...

Cette Assemblée nommée en partie sous l'influence de la peur de l'ennemi était composée d'éléments entièrement disposés à signer la Paix quelle qu'elle soit.

Malgré les protestations des Députés Alsaciens et Lorrains, malgré tous leurs efforts, les provinces qu'ils représentent, déjà entre les mains du vainqueur, seront séparées de la France.

Les élus du 8 février 1871, ont tout accepté, tout ratifié.

La lutte était difficile, nous le savons, le succès était presqu'impossible, mais l'Allemagne, elle aussi était fatiguée de la guerre et l'Europe en avait également assez. Nous pensons qu'avec un peu d'audace, l'Assemblée eut pu tirer un meilleur parti de la situation, et bon nombre de Députés auraient dû se montrer moins soucieux d'éviter à leurs électeurs les charges de l'invasion. L'intérêt partiel a primé chez quelques-uns l'intérêt général.

Les travaux de l'Assemblée sont la preuve de ce que nous avançons.

L'Assemblée Nationale élue sous le canon Prussien n'avait caractère d'abord que pour traiter de la Paix et de la Guerre et avisant ensuite au plus pressé, pour nommer un Gouvernement provisoire, jusqu'à ce que la France rendue à elle-même put élire une Constituante et choisir la forme de son Gouvernement.

Il est évident, et il restera incontestable, que cette Chambre nommée par les uns pour être au plus tôt débarrassés de la présence et du fardeau de l'ennemi, nommée par les autres pour leur éviter à tout prix cette présence et ce fardeau, ne peut être le résumé des sentiments et des aspirations du Pays.

Sortie de la tourmente, elle se ressent considérablement de son origine.

En un mot, elle n'est pas née viable, tous les secours ne pourront la prolonger, aussi ne peut-elle vivre malgré la jeune et riche sève qu'elle a reçue par les élections du 2 juillet, et lui faudra-t-il bientôt céder la place à une Constituante qui votera des lois véritablement organiques!

Le plus tôt sera le meilleur.

Malheureusement pour le Pays, la position de représentant du peuple a de tels attraits et les fauteuils de Versailles, comme ceux du Palais-Bourbon, sont si savamment capitonnés qu'une fois que l'on a goûté de leur douceur il devient impossible d'y renoncer et qu'il faut, pour les quitter, en être violemment arraché !

Cela nous explique la rage avec laquelle nos honorables du jour se cramponnent à leurs siéges alors que toute la France, scandalisée de leurs dissentions et effrayée de leurs violences, demande à cor et à cris qu'ils veuillent bien retourner là où ils sont venus et céder la place à de nouveaux élus qu'elle s'efforcera de mieux choisir.

Il se peut que, par crainte de la dissolution qui la menace, l'Assemblée se nomme Constituante ; cette mesure ne changera rien ni à son origine ni à sa composition.

Ce sera tout simplement un cautère appliqué sur une jambe de bois.

La seule résolution que l'Assemblée puisse prendre, si elle veut assurer le repos et l'avenir du Pays, serait de remettre le pouvoir entre les mains de M. Thiers et de céder la place à une Constituante.

Les gens de parti oublient toujours qu'ils sont Français et beaucoup mettent leur idole au-dessus des intérêts de la Patrie.

Vous serez sauvés par nous, mais nous vous défendons de l'être sans nous, nous nous y opposons, nous vous perdrons plutôt, tel est le patriotisme qui se fait jour dans toutes les tracasseries suscitées par la droite de l'Assemblée.

Que nous veulent tous ces gens là? Bon Dieu! pendant que nous combattions, ils ont préparé leurs élections et ils ont exploité la peur des habitants de nos campagnes pour se faire nommer, protestant de leur désir d'assurer le bonheur et l'avenir de la France, et surtout de ne pas laisser venir l'ennemi.

Aujourd'hui que la Paix (et quelle Paix?) est faite, signée et paraphée, ils veulent autre chose : ils ne permettront pas à la France d'être heureuse, tranquille, de panser ses plaies, de les guérir si elle ne remet à sa tête le descendant de ses anciens rois avec l'immaculé drapeau blanc et les lys sans tâche pour emblême.

Le bonheur de la France ne peut exister qu'à ce prix, malheureusement cette nation ingrate n'en veut pas, et elle a raison.

Quoi! depuis quatre-vingts ans, la Société en gestation cherche à sortir de tous les liens dont la superstition, l'égoïsme et le mensonge veulent l'entourer, et tous ces efforts ne parviendraient qu'à la ramener au point de départ?

Non, non! messieurs les Prétendants! d'erreur en erreur, de déchirement en déchirement, d'enseignement pénible en enseignement salutaire, la lumière s'est faite dans l'esprit et dans le cœur de la France; la vérité sur vous, sur tous vos concurrents, elle la connaît ainsi que votre valeur, n'espérez pas que ses Enfants vous laisseront jamais remettre la lumière sous le boisseau.

La France ne veut plus de vous, Elle veut se gouverner elle-même, Elle ne veut plus confier ses destinées qu'à l'Elite de ses Fils, et ses maux si lourds, seront un bienfait inappréciable s'ils l'ont débarrassée à jamais de tous les Prétendants.

Nous sommes loin de prêcher l'assassinat politique, c'est toujours plus qu'un crime, c'est une faute; d'ailleurs, il n'y a pas un Prétendant, aujourd'hui, qui soit finalement à craindre et qui vaille la peine d'être assassiné; c'est pourquoi nous constatons froidement que si, par des causes fortuites et éventuelles, la France avait le bonheur de perdre tout d'un coup tous ses Prétendants, son avenir serait du même coup assuré et les partis qui la déchirent, n'ayant plus de raison d'être, n'arrêteraient pas, comme ils le font aujourd'hui, le sauvetage du Pays.

Quant à créer de nouveaux hommes providentiels

et à leur confier à eux et à leur génération ses destinées, nous supposons la France guérie radicalement de cette folie.

Nous nous adressons aux plus nombreux :

Messieurs les légitimistes que voulez-vous?

Faites votre programme, que l'on sache exactement ce que vous voulez et tout ce que vous voulez !

Est-ce bien celui que vous appelez Henri V, votre roi légitime, que vous voulez pour gouverner la France, soit, nous vous l'accordons.

Il y a bien la petite croisade pour le pouvoir temporel du Pape qui pourrait nous arrêter, mais cela est tellement gros de questions et de colères que nous préférons ne pas en parler; d'ailleurs, l'Allemagne est protestante et comme c'est contre elle que nous écrivons, nous ne nous occupons de vous que par contre-coup.

Ainsi Sa Majesté Henri V est assise sur le trône restauré de ses ancêtres, entourée de ce que vous appelez toute la maison de France.

A toutes les vertus de la famille, Sa Majesté réunit tous les talents propres à gouverner le Pays et à panser ses plaies; Sa Majesté daigne faire le bonheur de tout son peuple, Elle est juste, Elle est équitable,

Elle cherche le mérite ailleurs que chez ses amis, la France au moyen de ses Représentants, librement élus, contrôle les actes du Gouvernement de son roi et n'a que des bénédictions et des louanges à lui donner.

Combien cela durera-t-il de temps si cela arrive jamais?

Et le descendant Henri VI, Louis XIX ou Charles XI comment gouvernera-t-il?

Sera-ce aussi une perfection?

Admettons une autre hypothèse :

Supposons une dynastie de rois légitimes et héréditaires qui, pour laisser au peuple Français toute liberté de se gouverner comme il le désire (ce qui semble être dans ses aspirations) renoncerait à toute immixtion dans les affaires du Pays et qui, avec un système perfectionné de ministres responsables, se contenterait d'habiter les palais et les châteaux de la couronne, de toucher la liste civile, d'avoir une cour agréable et d'être simplement le chef nominatif de la Nation.

Bien que la France n'ait nul besoin de ce fétiche royal et ne se trouve plus assez riche pour se payer un pareil luxe, est-ce une royauté semblable ou légèrement modifiée que vous désirez?

Répondez! notre hésitation est plus légitime que votre ambition et nous avons le besoin et le droit de savoir exactement ce que vous voulez.

Nous connaissons notre histoire et la vôtre. De tous les rois légitimes qu'a eu la France pendant quinze siècles, combien en a-t-elle eu de bons?

Votre famille de Bourbon qui avait les trônes de France, de Naples et d'Espagne, quels sont les exemples de vertu et de véritable grandeur qu'elle a donnés au monde?

Après les épreuves que nous avons traversées, vous ne nous croyez pas assez simples pour vous confier aveuglement nos existences, nos familles, nos destinées?

Répondez! autrement nous croirons que dans la légitimité, qu'elle nous donne des rois gouvernants ou des rois objets de luxe, vous ne voyez qu'un moyen de fortune, de positions à acquérir pour vous et les vôtres et que ce seul appât vous fait ses partisans acharnés.

Répondez! ou bien nous croirons qu'en demandant un roi, vous voulez avoir à tout prix une cour, c'est-à-dire ce qui, à toutes les époques et sous toutes les races n'a été qu'une lice ouverte à la bassesse des hommes et au dévergondage des femmes!

Et la France, qu'en ferez-vous?

Allons répondez! mais prenez garde de faire penser de vous que ses ruines, quelles qu'elles soient, vous sont indifférentes pourvu qu'il lui reste assez de place pour votre trône, votre cour et votre autel!

————

L'enquête n'est pas terminée sur la Commune et sur ses excès, et nous ne pouvons dire encore toutes les causes de ces nouveaux et horribles fléaux qui ont désolé Paris et qui ont mis le pays tout entier à deux doigts de sa perte.

Nous soumettons à nos lecteurs quelques considérations toutes personnelles.

Nous étions à Bordeaux, au commencement de

mars, le jour des obsèques de M. Kuss, le maire de Strasbourg, dont la vie a été abrégée par les maux de sa Patrie.

Voici quel était alors le sentiment politique de la Chambre :

M. Thiers voulait aller établir le Gouvernement à Paris et emmener avec lui une partie de l'armée de la Loire.

Plus de 400 membres de l'Assemblée signèrent une protestation : Fontainebleau, Tours, Blois étaient les villes proposées pour recevoir le siége du Gouvernement. Il fallut huit jours de diplomatie et toute l'autorité de M. Thiers pour faire accepter Versailles comme siége provisoire du Gouvernement et pour y amener la chambre.

Nous sommes persuadés que là est une des causes du règne de la Commune.

L'attitude carrément royaliste, prise dès le début par la droite de l'Assemblée, ses trépignements au seul mot de République, ses formes cassantes et peu conciliatrices, ses interruptions déplacées, son système de rendre la tribune difficile et quelquefois impossible aux orateurs qui lui sont opposés, tout cela avait éveillé les défiances de la Capitale qui veut, avec toute la France, une République d'ordre, d'honnêteté, de conciliation et de réparation.

Tous les partis des Prétendants avaient besoin d'une petite emeute, elle leur facilitait la besogne et leur permettait de dire à la France : Vous voyez la République... Gouvernement détestable??......

Allons! prenez mon ours!

Grand a été leur désappointement, lorsqu'au lieu d'une émeute ils ont vu la guerre civile; la peur, l'effroi les ont ramenés près de M. Thiers qui a eu plusieurs fois besoin de les fouailler impitoyablement pour qu'ils lui laissassent la liberté de sauver la France et la Société.

Les élections du 2 juillet ont été la récompense de la conduite de M. Thiers; elles ont montré comme l'avaient fait précédemment les élections des Conseillers municipaux, de quel côté se rangeait la France et ce qu'elle voulait pour l'avenir.

Si la Chambre avait écouté M. Thiers, elle serait venue à Paris, le Gouvernement se serait fait précéder d'une proclamation annonçant qu'une fois la Paix faite et un Gouvernement provisoire installé, l'Assemblée, ayant rempli son mandat, céderait la place à une Constituante qui donnerait enfin à la France le Gouvernement de son choix.

Cet appel à la conciliation aurait calmé les inquiétudes et aurait détruit les défiances.

La population honnête de Paris, la partie saine de la Garde Nationale n'aurait pas tourné le dos à une Assemblée qui ne leur donnait aucune garantie pour le présent et ne leur inspirait aucune foi pour l'avenir.

On n'a pas assez tenu compte de l'ignorance dans laquelle se trouvait la population Parisienne sur tout ce qui s'était fait en France pendant les cinq mois de siége qui l'en avaient séparée.

On n'a pas compris que les privations et les épreuves supportées avec tant d'abnégation par cette grande population l'avaient rendue ombrageuse et défiante envers la province dont elle avait vainement attendu des secours.

Les préliminaires de la Paix sont signés et l'Assemblée, au lieu de tenir compte à Paris de la courageuse résolution avec laquelle cette capitale a supporté les efforts de l'ennemi, semble vouloir la décapitaliser et en éloigner tout ce qui peut y ramener le commerce, la vie, le monde intellectuel et financier.

De là un mécontentement général et l'inertie de la Garde Nationale qui, cependant, n'avaient pas fait défaut au Général Trochu lors du 31 octobre.

Nous le répétons : il était facile d'amener avec la

chambre à Paris, 40,000 hommes de l'armée du Général Chanzy, la seule force véritablement constituée existant alors en France.

Avec la division déjà casernée à Paris, cela aurait porté l'effectif de la garnison à plus de 50,000 hommes, chiffre suffisant pour occuper Paris et les forts laissés libres par les Allemands.

De plus, si l'émeute commençait, les 300,000 Gardes Nationaux, honnêtes gens, avaient un centre pour se réunir et recevoir une direction, et, ils eussent assuré l'ordre, comme déjà ils avaient eu l'occasion de le faire pendant le siége.

Il est incontestable qu'avec tous les éléments de désordre armés, qu'avec tous les repris de justice, qu'avec tous les étrangers, qu'avec toutes les meneurs existant dans Paris, ou qui s'y étaient rendus à dessein pendant l'armistice, il devait se produire des journées de trouble et qu'il y aurait du sang de répandu. Il était impossible qu'il en fut autrement avec les causes multiples qui avaient intérêt à fauter la perturbation morale et physique dans cette grande cité. Nous sommes néanmoins convaincus que tout se serait borné à une grosse émeute, pareille aux journées de juin, et que nous n'aurions eu ni la commune ni toutes ses horreurs.

Comme toujours, M. Thiers avait raison, le devoir de l'Assemblée, le devoir du Gouvernement qu'elle avait nommé, était d'être là où le danger pouvait se manifester pour le conjurer, c'était plus qu'une question de courage, c'était et cela est encore aujourd'hui une question de responsabilité devant le pays et devant l'histoire.

Si l'Assemblée l'eut compris; malgré l'Internationale, malgré les agents étrangers, malgré les insensés qui se sont mis à la tête du mouvement, la cause de l'ordre n'eut pas été aussi sérieusement menacée, la Société n'aurait pas été sur le bord de l'abime ; et nombre de victimes fusillées pour n'avoir pas voulu prendre part à la lutte, tous les otages assassinés, tous les soldats tués pendant le combat seraient encore vivants !

France ! cette seconde leçon doit être plus salutaire pour tes enfants que la première, ils devront, dans l'avenir mieux étudier les mandataires dans lesquels ils auront à placer leur confiance.

Si ceux qu'ils ont nommés, dans une circonstance aussi critique, n'avaient pas mis leur opinion politique plus haut que ton salut à toi, ces monuments qui faisaient ta gloire et l'admiration de l'Etranger, ces palais, ces édifices, ton orgueil, seraient encore debout.

L'Internationale, malgré toutes ses ramifications,

n'aurait pu exercer ces actes de brigandage, qui semblent avoir pris modèle sur la manière de faire la Guerre des Allemands, qu'ils n'ont pas dépassée.

Le même mot d'ordre semble avoir été donné.

Partout les réquisitions, les arrestations arbitraires, les fusillades aveugles, l'incendie érigé en principe, l'huile minérale employée comme moyen.

Ah! il faut que toutes les enquêtes soient poussées à fond, l'Internationale, cette folie égalitaire, qui nie la nature, et qui veut faire une Société en dehors de ses lois, demande à être soigneusement étudiée ; c'est un phénomène surnaturel, et son apparition juste après nos désastres est une coïncidence étrange, qui indique une direction occulte, laquelle a usé et abusé contre nous de l'exaltation de ses adeptes.

Que le plus grand jour se fasse sur tout cela, c'est l'intérêt du monde entier !

Maintenant qu'elle a été le rôle de l'Allemagne pendant la Commune ?

Les interrogatoires des prisonniers l'apprendront sans doute, quant à nous, nous ne nous sommes jamais expliqué une phrase de M. de Bismarck au Parlement, à Francfort, alors qu'il rendait compte de la signature de la Paix.

« Si le Gouvernement de Versailles n'avait pas

« accepté nos conditions, a dit M. de Bismarck, nous
« serions entrés dans Paris, soit par une entente
« avec la commune, soit autrement. »

L'Europe a jugé et jugera ces paroles ainsi que
l'offre faite par la Prusse à la Commission des Finances de la Commune d'acheter pour cinquante
millions de francs un certain nombre de tableaux du
Louvre.

Il est une maxime de droit fort juste :

« Pour trouver le coupable, cherchez à qui le mal
« peut profiter ! »

Or, la Commune et ses horreurs ont profité à
l'Allemagne, elles ont rendu plus fructeux pour
elle, et plus dur pour nous le traité de Paix qui
nous fut imposé.

Puis, ce dut être une douce satisfaction pour son
Chef auguste de voir l'anarchie et l'incendie régner
dans une ville où ses héros vainqueurs avaient été
aussi mal reçus.

La guerre civile, pour nous, n'a été que la trans-
formation de la guerre étrangère.

La droite de l'Assemblée de Bordeaux devra toujours regretter d'avoir été l'involontaire complice
de l'action de l'Internationale et de la Prusse, action
que sa conduite envers la France, envers ses collé-

gues et envers M. Thiers ainsi que son entêtement à soutenir un principe vermoulu, ont follement favorisée.

Est-il compréhensible qu'en face de l'occupation Allemande on puisse penser à autre chose qu'à la faire cesser, et que devant la France épuisée, il se trouve encore des hommes auscultant froidement sa faiblesse pour savoir s'ils pourront lui imposer leur candidat?

CHAPITRE NEUF

LE TRAITÉ DE PAIX. — L'OCCUPATION

I

L'Alsace, une partie de la Lorraine, cinq milliards
une occupation proportionnelle, mais pouvant s'é-
tendre à trois années : telles ont été les conditions
imposées par l'Allemagne ?

Pauvre France ! si généreuse, toi qui toujours as
été assez riche pour payer ta gloire, apprends comment il faut savoir profiter des bons moments des
succès inespérés !

Ton ennemie veut se rassasier et se gorger de ton
or ; tu entretiendras d'abord toute son armée, puis,

par des décrets ultérieurs, son empereur de fraîche date libèrera petit à petit ton territoire.

Il exigera tout, jusqu'à la livre de chair de Syllock.

Est-ce bien au XIXe siècle, est-ce bien devant l'Europe impassible que des énormités semblables sont rêvées et exécutées ?

Quoi ! l'Alsace et la Lorraine française depuis des siècles, Strasbourg, Metz qui ne sont pas plus Allemandes que Paris seront ainsi germanisées de par la volonté d'un autocrate ?

Et, pour nous servir d'une expression illustre, il sera possible de démarquer une nation comme l'on démarque un mouchoir ?

Non ! les événements disent oui, la raison dit non.

Aussi, quels que soient les événements accomplis, la force a pu primer le droit par surprise ; mais cette surprise ne peut-être durable.

« On peut tout faire avec des baïonnettes excepté « de s'asseoir dessus, » disait M. de Talleyrand.

M. de Bismarck aurait dû comprendre la profondeur de cette maxime.

Il a manqué d'être un grand homme.

Son édifice, à lui aussi, n'aura jamais son couronnement.

Après Sedan, l'unification de l'Allemagne était complète et resserrée par la victoire.

La couronne impériale des Hohenzollern pouvait être glorieuse si son chef eut montré des sentiments élevés.

Mais, tous ces vainqueurs énivrés de succès faciles et très-fructueux, riches de déprédations très-iniques ne regardent pas à la gloire.

Voici quel est leur raisonnement :

La Guerre est une affaire qu'il faut soigneusement exploiter ; la victoire est une opération heureuse dont il faut tirer tout le parti possible. Ainsi, grâce au honteux concours de nos nombreux espions, grâce à nos innombrables pandours, nous avons surpris notre ennemie nous lui avons mis le pied sur la gorge, nous avons bien menti à notre parole en face de l'Europe.

Mais *c'être la guerre*, et dans de pareils moments on peut oublier parole et honneur cela ne tire pas à conséquence.

Comme les mots de générosité, de grandeur d'âme sont de l'hébreu pour nous, nous n'avons que faire des sentiments qu'ils expriment :

Comme nous sommes incapables d'être reconnaissants, nous faisons fi de la reconnaissance.

Nous ne connaissons qu'un moyen pour être maître chez nous, c'est la schlague, cela fait peur et par la peur nous dominons l'Allemagne que nous avons déjà schlaguée.

Employons ce moyen infaillible puisqu'il nous a toujours réussi ; donnons une verte schlague à la France, cela ne peut pas nuire pour l'avenir.

Nous allons la dépouiller, la ruiner, la mutiler, nous ferons participer tous nos nouveaux vasseaux à cette œuvre déshonorante, ils seront responsables comme nous de tous ces actes, et rien ne lie comme la solidarité dans le crime :

Quant à notre victime, elle aura peur de nous, elle craindra de nous attaquer et nous jouirons en paix de nos biens si noblement acquis.

Telle a été la quintescence de la diplomatie de M. de Bismarck.

Insensé ! qui d'une cause gagnée a trouvé moyen de faire une cause perdue ! Insensé qui, par ses excès mêmes, a mangé en herbe le fruit de ses triomphes ! Insensé ! qui espère fonder quelque chose de durable en dehors de la justice et de la vérité.

Il tremble déjà pour le produit de ses rapines.

La France qu'il croit avoir vaincue et assassinée et qu'il n'a que surprise, se relève plus riche après ses défaites que l'Allemagne après ses triomphes.

Que M. de Bismarck fasse un emprunt de deux

milliards en sus de ce que la France doit payer à l'Allemagne et il verra quelle confiance ses succès inspirent à l'Europe !

En dehors de l'Allemagne, la France n'a plus d'ennemis dans le monde, ses malheurs lui ont ramené le cœur des nations.

Elle reste grande et honorée.

La Prusse ne peut en dire autant, car l'Europe a su apprécier ses exploits en 1866 le sac des villes hanséatiques, la conquête du Hanovre, etc., etc.

L'univers connait ou connaîtra sa conduite glorieuse en 1870 et 1871, ainsi que les crimes qu'elle a fait commettre aux nations Allemandes : sa conquête de l'Alsace, le démembrement de la Lorraine.

Toute cette série d'atteintes aux nationalités, tous ces froissements se feront sentir un jour ou l'autre au cœur de tous les peuples.

Nous verrons ce qui restera alors de l'œuvre maudite de M. de Bismarck.

Cela est tellement vrai, que la crainte, nous ne pouvons dire le remords, se fait déjà sentir chez nos vainqueurs et que leur presse officieuse nous reproche aigrement les ligues et les sociétés qui se forment en France pour soustraire les enfants de l'Alsace et de la Lorraine à la prussianisation.

Cette presse, organe de M. de Bismarck, allègue le traité qui vient d'être signé entre la France et l'Allemagne et prétend que nous lui portons atteinte.

C'est par trop naïf ou plutôt par trop imprudent ! Avec quelle bonne odeur de puritanisme révolté, avec quelle honnête indignation ces reproches ne nous sont-ils pas adressés ?

Vrai ! c'est touchant ; mais ce n'est pas la première fois que des voleurs crient à la garde.

Messieurs les Allemands ! lisez l'histoire et faites-en votre profit.

Le monde gravite dans un sens immuable.

, Voyez quel a été jusqu'ici le sort de la plus grande partie des traités imposés par les conquérants, particulièrement depuis un siècle, les vôtres seuls sont encore debout.

Tout cela n'est plus aujourd'hui qu'une question d'arsenal, de masses organisées et armées convenablement.

Nous tâcherons de profiter de la leçon militaire que vous nous avez donnée si peu gratuitement.

En attendant, quelques départements ont encore le bonheur de posséder ces messieurs qui, lorsqu'ils sont de sangfroid, se montrent généralement convenables, mais qu'il n'est pas toujours salutaire de rencontrer quand ils ont bu.

Au plus petit prétexte, ils dégaînent et frappent à tort et à travers. Plusieurs citoyens inoffensifs ont déjà été victimes, dans diverses localités, de leur brutalité et de leurs injustes agressions.

Comme l'autorité Allemande est à la fois juge et partie dans ces collisions, il est difficile qu'elle soit impartiale.

C'est pourquoi nous invitons les citoyens des pays occupés à éviter tout rapport avec les troupes Allemandes.

L'abus de la force est un principe en usage chez leurs soldats qui sont armés; les citoyens ne le sont pas, qu'ils se tiennent donc tranquilles,

Depuis la signature de la Paix, on a vu quelques exaltés attaquer isolément les soldats Allemands, cantonnés dans leur localité. C'est une insigne folie que rien ne peut justifier; car, comme de tristes exemples l'ont déjà montré, ce sont toujours de nombreux innocents qui paient alors pour le coupable; et les soldats étrangers exaspérés s'en prennent à toute la population qu'ils sabrent aveuglément. Nous le demandons a ces égarés : que peut faire à la France un soldat Allemand de plus ou de moins?

La Paix est faite, il n'a pas tenu à nous qu'elle ne soit durable dans son essence, il faut s'en tenir là. Toute attaque inconsidérée et qui n'a plus de raison d'être, ne fait que rendre plus lourd encore le fardeau de l'occupation.

La seule conduite a tenir est la plus grande réserve et la plus profonde indifférence.

Les Allemands font tous les jours de la musique, n'y allez pas, ils se trouveront dans l'obligation, comme cela se fait déjà, de commander dans leurs troupes des auditeurs d'office pour que leur musique ne joue pas tout à fait pour les pavés.

Toujours délicats, ils ont, à de rares exceptions près, l'exquise générosité de fêter bruyamment les anniversaires de leurs triomphes qui sont des deuils pour vos cœurs.

Renfermez votre douleur, ne paraissez pas vous apercevoir de leur grossière gaîté, ils en seront encore pour leur frais.

En résumé, établissez entre eux et vous un cordon sanitaire moral et physique, qu'il en soit ainsi partout dans les départements occupés.

Dans toute la France, dans toutes les villes industrielles, dans tous les centres importants, fermons nos portes, nos magasins, à tous les sujets civils Allemands.

Nous savons tous à quel point l'art de l'espionage est poussé chez eux. Combien cet art fait partie de leur caractère et de leur nature.

Nous sommes suffisamment payés pour cela :

Faisons partout des ligues contre cette nouvelle invasion occulte, c'est l'intérêt de notre pays qui le commande, n'employons pas les Allemands dans nos usines, dans nos manufactures, dans nos maisons de commerce. Ne faisons pas d'affaires avec ceux qui sont établis sur notre sol, il faudra bien qu'ils s'en aillent, ou bien s'ils restent surveillons-les.

Beaucoup vont se présenter chez nous qui chercheront à se faire passer pour des fils de l'Alsace, tenons-nous en garde contre cette supercherie.

Le bon sens public fera justice de leurs manœuvres, notre attention doit constamment s'étendre sur eux et nous ne devons plus habiter un pays de verre où M. de Bismarck puisse voir à loisir ce que nous faisons.

II

L'INSTRUCTION OBLIGATOIRE. — LA NATION ARMÉE

Nous arrivons au terme de la tâche que nous avons entreprise. Nous avons cherché consciencieusement les causes des malheurs qui ont pesé sur nous, des plaies physiques et morales qui ont fait de la France victorieuse et grande, la France vaincue et mutilée, nous croyons fermement avoir dit la vérité.

Nous ne pouvons quitter la plume sans mettre le remède à côté du mal, et sans dire, avec la plus grande franchise, ce que nous pensons devoir être efficace à la guérison de nos maux.

Entre toutes les lois organiques qui viendront peu à peu, les deux premières à voter sont, selon nous, celles-ci :

1° L'instruction gratuite et obligatoire pour tous les Français des deux sexes ;

2° Le service militaire personnel sans possibilité d'exemption.

Les destinées futures de la France sont à notre avis entre les mains du ministre de l'instruction publique et du ministre de la guerre.

En présence de l'avachissement de l'égoïsme et de la lâcheté de gens qui n'en avaient pas conscience, le seul remède à appliquer, est l'instruction.

L'instruction, qui développera le sens moral et qui donnera une idée juste des devoirs envers la famille et envers le pays.

Devant les théories subversives de l'Internationale amenant les catastrophes inouïes que nous avons vues.

Devant la passion de l'ivrognerie paralysant tout progrès moral dans les classes inférieures.

Quel est le remède ?

L'instruction qui enseignera à tous la vérité, qui, faisant distinguer le vice de la vertu, montrera les effets pernicieux de l'un et la bienfaisante influence de l'autre à tous les âges du monde.

L'instruction qui donnera des notions exactes sur la liberté, l'égalité et la fraternité.

L'instruction qui fera distinguer la liberté de la licence.

L'instruction qui apprendra que l'égalité devant la loi est la seule réalisable, que tout dans la nature est inégal : que l'hercule ne peut se faire l'égal du pygmée, que l'homme intelligent ne peut se faire l'égal du crétin, que le travailleur ne peut se faire l'égal du paresseux.

Que l'homme sobre et honnête ne peut être l'égal de l'ivrogne et de l'homme taré.

Que l'homme de bien ne peut être l'égal du criminel, etc., etc.

Si l'égalité absolue était possible, il n'y aurait pas à parler de Fraternité.

L'instruction qui montrera que la Fraternité entre les hommes est un devoir qui incombe à tous les citoyens d'un même pays et que lorsque l'un d'eux est menacé, tous le deviennent et doivent courir à son aide, de même que lorsque l'un d'eux souffre, son voisin n'a pas le droit d'y rester insensible.

L'instruction qui démontrera que la Fraternité n'est autre que la charité universelle, non pas cette charité devenue un privilége et confinée dans certaines communautés qui ont tué toute initiative charitable dans toutes les classes de la société pour la renfermer dans des cercles religieux.

Institutions qui ont accaparé le pansement des plaies, le soin des malades, de telle sorte que nos mères, nos femmes, nos sœurs ne savent rien sur ces sujets et ont même peur de voir une blessure; non pas cette charité là, à laquelle l'instruction rendra toute justice en prouvant ainsi toute son insuffisance; mais la vraie charité, telle que l'a enseignée le Christ, c'est-à-dire parlant à tous les cœurs, en haut comme en bas, et s'élançant au secours de tous les maux, sans distinction de castes ni de religions.

L'instruction qui fait justice des préjugés et dissipe les erreurs.

L'instruction, l'ennemie de tout mensonge et l'amie de toute vérité.

L'instruction qui apprendra aux masses la saine morale et les principales lois qui les régissent.

L'instruction qui donnera à tous les citoyens la connaissance de leurs droits et de leurs devoirs.

L'instruction, enfin, nécessaire à tout homme de cœur et de courage.

———————

Devant la nation dépouillée d'armes et de force militaire, à la merci du premier conquérant venu, devant les inutiles efforts des jeunes gens inexpérimentés accourus pour la défendre,

Qu'y a-t-il à faire?

Voter le service militaire personnel, l'impôt du sang dû sans exemption possible.

L'armée, telle qu'elle était composée et recrutée, pouvait être un danger sous un gouvernement personnel, mais sous le gouvernement de la nation par elle-même, sous la République, il n'y a plus de prétoriens possibles, l'armée, l'essence de la nation, n'est plus que la sauvegarde du pays.

La justice, l'égalité devant la loi, réclament impérieusement le service militaire obligatoire pour tous les Français.

Le fils du paysan, le fils de l'ouvrier, comme le fils de l'industriel, comme celui du grand propriétaire et du haut fonctionnaire, ont la même Patrie à défendre, et il y a place pour tous les dévouements qui lui sont dus.

Au point de vue de la nation comme au point de vue de l'armée, cette loi du service obligatoire, sera peut-être la loi la plus moralisatrice que la France aura possédée jusqu'ici.

L'armée est une grande école d'abnégation et de dévouement.

L'obéissance passive qui est la base de toute discipline et de toute hiérarchie, est une épreuve salutaire pour les jeunes natures. Elle plie les caractères rebelles :

Basée sur la justice, elle entretient les esprits dans une idée de perpétuel sacrifice à la Patrie.

Les débuts dans l'armée sont souvent pénibles par une mauvaise interprétation des choses et par un sentiment faussé de la situation :

Tel jeune homme qui ne peut se résoudre à faire plier sa volonté sous celle de ses supérieurs doit regarder les choses d'un point plus élevé.

Il lui faut se dire :

Nous sommes tous les enfants de la France.

Nous avons tous des mères, des sœurs qui nous sont chères.

Pour mettre tous ces êtres qui nous tiennent au cœur à l'abri de tout danger, pour que leurs travaux s'exécutent paisiblement, pour que nos maisons, nos foyers soient gardés des insultes de l'Etranger, il me faut moi, comme tous les jeunes gens de mon âge, faire une entière abnégation de ma propre volonté de mon individu.

Il me faut aimer assez ma Patrie pour lui sacrifier tout : mon amour-propre, mon orgueil, mes rêves de bonheur, ma vie si besoin est.

Or, comme il n'y a pas d'armée possible sans discipline et sans commandement, obéissons passivement et intelligemment en attendant qu'il nous soit donné de commander à notre tour.

Pour savoir commander, il faut avoir beaucoup obéi.

Le service obligatoire mettra en rapport et en frottement perpétuel toutes les classes de la Société soumises à une loi unique.

Les natures distinguées déteindront forcément sur les natures vulgaires; les sentiments généreux s'infiltreront d'une classe dans l'autre.

Les fils de famille apprécieront mieux les bonnes et fortes qualités des enfants du peuple. Tous, riches comme pauvres, soumis à ce niveau égalitaire, ayant pour loi suprême le devoir et pour guide l'honneur, s'estimeront mutuellement; et, rendus à la vie civile, pouvant pendant de longues années encore se rencontrer aux mêmes appels et aux mêmes sacrifices. Le riche ne s'écartera plus du pauvre, le pauvren'enviera plus le riche.

Lorsque plusieurs classes de jeunes gens se seront trouvées ainsi en contact, ne sera-ce pas un commencement de rénovation sociale? et quel meilleur enseignement pratique peut-il être réservé aux générations futures?

Au point de vue de l'armée, le service obligatoire sera un immense bienfait.

La Nation appelée toute entière, il ne peut plus y avoir d'avancement qu'au concours.

Les habitudes d'ivrogneries, si funestes à la discipline, s'effaceront peu à peu de ses rangs.

La gamme morale sera élevée, l'émulation sera poussée aux dernières limites.

20

La France aura alors une armée véritablement
nationale où le dévouement et le sacrifice seront à
l'ordre du jour.

Et quelles ressources pour les cadres?

C'est alors qu'il sera facile de faire droit au mérite, d'être exigeant pour les emplois et les grades et
de choisir pour commander aux autres les distingués parmi les distingués.

Par le service obligatoire, l'armée sera débarrassée
de cette classe de remplaçants faisant presque toujours
de mauvais soldats, la nation verra disparaître cette
profession ignoble, cette lèpre sociale qui a nom les
marchands d'hommes, honteux spéculateurs dont le
commerce démoralisateur est un encouragement au
vice et à la débauche, une source de fortune pour
les cabarets et les maisons de prostitution.

Le service obligatoire pour tous.

Nous n'admettons aucune exemption sauf les in-
firmités qui ne peuvent être utilisées.

Dans la seconde partie de cet ouvrage, nous trai-
terons spécialement de sujets militaires et nous
émettrons nos idées sur l'emploi des divers éléments
que le service obligatoire mettra à la disposition de
l'armée.

III

L'INDEMNITÉ

Le premier besoin du pays est d'être débarrassé de l'Etranger. Il sera difficile de faire quelque chose de complet, au point de vue civil comme au point de vue militaire, tant que notre sol ne sera pas entièrement libre.

Les départements envahis seront dédommagés, tel est l'article voté en leur faveur.

· Nous n'aurions pas compris qu'il en soit autrement. Les villes et les départements d'avant-garde se sont sacrifiés pour arrêter ou retarder l'ennemi.

Ils ont eu à supporter ses fureurs, ses exactions,

leur sol est encore aujourd'hui foulé par les armées d'occupation, il est plus que juste que les départements éloignés du théâtre de la lutte soient solidaires du dégât matériel qui ne peut être entièrement réparé.

Quant au dommage moral, il n'est au pouvoir de personne d'y apporter de soulagement. Les villes et les villages incendiés pourront être reconstruits, mais les victimes fusillées, brûlées, assassinées, qui pourra les rendre à leur famille, à leurs amis?

Les femmes outragées, qui leur enlèvera le souvenir des souillures qu'elles ont eues à subir?

On se demande comment une mesure aussi équitable que le dédommagement matériel a pu donner lieu à la moindre opposition.

Pour mettre les finances de la France en équilibre avec les charges qui pèsent sur elle, il est un spécifique souverain à appliquer sans retard :

C'est de voter l'impôt sur le revenu et de le pratiquer comme en Angleterre.

Nous entendons ici les cris et les grincements de dents des bons rentiers et des riches capitalistes, mais cela ne nous effraie pas.

L'impôt sur le revenu et sur le capital est le seul

remède à nos maux financiers, et bon gré mal gré on y arrivera.

C'est de plus un impôt juste et moral, au lieu de courir d'expédients en expédients comme d'augmenter l'impôt du timbre ce qui rendra la justice plus onéreuse encore au pauvre qui a déjà tant de peine à l'atteindre.

Pourquoi ne pas prendre une mesure radicale et rationnelle?

N'est-il pas pénible de voir l'impôt sur le revenu fonctionner en Angleterre, en Suisse et dans d'autres pays à la plus grande satisfaction de tous, et que depuis tant de temps il ait été toujours rejeté bien loin et avec mépris par tous nos gouvernants?

Est-ce parce que les gens au pouvoir ont été jusqu'ici les plus grands capitalistes et les plus riches rentiers?

Est-ce par crainte des indiscrétions?

Est-ce par ce qu'il faut toujours que ce soient le cultivateur, le producteur et le peuple qui supportent toutes les charges de l'Etat?

Nous l'ignorons et nous cherchons en vain une bonne raison.

Il est certaines professions qui ont gagné aux malheurs de la France, tels que les restaurateurs, les hôteliers, les cafetiers, les selliers, les armuriers, les

20*

chapeliers et les tailleurs des pays non envahis. Pour tous ces honnêtes industriels l'invasion a été une occasion favorable de gagner de l'or gros comme eux. C'était la conséquence forcée des évènements; mais sera-t-il judicieux de frapper d'un égal impôt ceux qui se sont enrichis et ceux qui ont été ruinés?

L'impôt proportionnel sur le revenu est le seul moyen de faire une répartition équitable.

Comme ressources immédiates, les amendes demandées contre les lâches, les égoïstes et ceux qui ont exploité les malheurs publics.

En dehors de toutes ces rentrées la France possède encore une richesse territoriale que l'on ne songe pas à exploiter.

La France est sillonnée de routes nationales, départementales et de chemins de grandes communications. Ces voies ne sont plus en rapport, pour la plupart, avec les besoins actuels et nous connaissons telle et telle route nationale où il pousse de l'herbe. Il y a évidemment là du terrain perdu que l'on peut vendre et utiliser. Les routes existent, il est nécessaire de les garder, mais pourquoi ne pas ramener les routes nationales à la largeur des routes départementales et celles-ci à la largeur des chemins de grandes communications? A quoi servent des bermes et des fossés aussi larges? Toutes ces grandes voies ont été tracées à une autre époque bien avant les chemins de fer qui ont supprimé la plus grande partie des charrois.

Des routes de 10 à 12 mètres de large, bien entretenues sont suffisantes pour tous les transports par voiture qui se font aujourd'hui et pour assurer toutes les communications.

Il est donc inutile de laisser là un capital endormi qui ne rapporte rien et d'en frustrer l'agriculture.

Un simple travail de cantonniers un peu mieux surveillés suffirait pour rendre tous ces terrains à leur véritable utilité.

Nous donnons cette idée pour ce qu'elle vaut, mais nous pensons qu'elle mérite d'être étudiée. Parmi tous les expédients et toutes les mesures provisoires qui ont été prises pour trouver de l'argent, quel impôt plus inique que celui qui vient de frapper les primes d'assurances au lieu de frapper la valeur assurée? — A la simple lecture d'un tarif d'une compagnie quelconque l'injustice flagrante de cette mesure ressort dans toute son évidence.— Supposons en effet un château et une raffinerie tous deux assurés pour une égale valeur, cent mille francs. — La prime d'assurance du château à 50 c.

du mille sera de 50 francs; dixième pour l'Etat,
soit. . . . .   5 fr.
La prime d'assurance de l'usine à 8 fr. du mille sera
de 800 francs; dixième pour l'Etat. . . . 80 fr.
Voilà donc un châtelain plus ou moins oisif et un
industriel qui, assurés pour une même somme à la
même compagnie, paieront à l'Etat comme impôt,
l'un 5 francs et l'autre 80 francs!...

Il est juste d'ajouter que le châtelain, son castel
et son parc ne produisent rien pour la richesse du
pays qu'ils grèvent au contraire des charges de leur
somptueuse inutilité; tandis que l'industriel dont les
produits augmentent les ressources publiques, voit
en dehors de sa patente ces mêmes produits payer
un impôt fort lourd à l'Etat.

N'avions-nous pas assez de réformes à opérer,
assez d'injustices criantes à effacer et à réparer; fallait-il encore en créer de nouvelles? — Quand en
finirons-nous avec ces esprits de castes, avec ces
égoïsmes imprudents qui étouffent toujours la justice et la vérité?

Il faut de l'argent, nous le savons, il faut en trouver cela est urgent et de toute nécessité nous ne l'i-
gnorons pas; mais est-ce par l'injustice et par les
exactions que l'on arrivera à créer des ressources
sérieuses et à asseoir le pays sur des bases solides.

Pourquoi ne pas frapper le luxe?

Pourquoi ne pas imposer les livrées, leurs galons, leurs boutons?

Pourquoi ne pas faire payer un impôt sur les domestiques, les valets de pied, les coureurs, etc., etc., ceux qui, servant uniquement un maître opulent, sont une charge imposée par celui-ci à la société! Vous allez arrêter le luxe, une des ressources de la richesse du pays nous crie-t-on de toutes parts! Allons donc! Est-ce que l'orgueil, la vanité et la sottise humaines ne sont pas des fonds inépuisables?

L'impôt sur les chiens a-t-il fait disparaître la race intéressante de ces utiles ou luxueux quadrupèdes?

Non! n'est-ce pas? Imposez donc le luxe sans crainte, vous ne ferez que lui donner un attrait de plus.

Un des besoins de la situation est d'encourager l'agriculture et d'augmeuter les ressources du sol, pourquoi les parties qui en sont distraites par luxe comme les parcs, dont l'inutilité au point de vue de la richesse publique n'a pas besoin d'être démontrée, ne paient-elles pas un impôt particulier et ne sont-elles considérées que comme des bois et des terres ordinaires? — C'est un grand tort. — Puisqu'il faut de nouveaux impôts, il faut les créer là où il est judicieux de les frapper et ne pas se procurer par des moyens iniques des ressources provisoires qui sont toujours des maux aussi bien pour l'avenir du pays que pour le moment actuel.

Il ne faut plus, en un mot, en matière financière comme en toute autre, suivre les errements funestes qui nous ont perdus; c'est-à-dire qu'il ne faut plus mettre la trompeuse habileté du moment au-dessus de la sainte justice et de l'immortelle vérité.

L'impôt proportionnel sur le revenu et sur le capital sera l'avènement de l'honnêteté en matière d'impôts.

CHAPITRE DIX

L'ALLEMAGNE DEVANT L'EUROPE

Nous avons vu les Gouvernements Français et Prussiens désirer la Guerre, nous avons montré celui des deux qui avait brusqué le conflit.

Nous avons dépeint ensuite l'esprit militaire tel qu'il était dans la Nation et dans l'armée.

Nous avons raconté les fautes des belligérants.

Nous avons mis sous les yeux du monde entier la conduite des Allemands en France et les actes inouïs qu'ils y ont commis, le sort de nos prisonniers.

Nous avons montré le peuple Français devant l'invasion tel que le régime impérial l'a laissé et tel que le terrorisme Allemand l'a rendu.

Nous avons constaté les efforts de la Défense Nationale tout en signalant les erreurs qu'elle a commises.

Nous avons donné notre appréciation sur le traité de paix et sur l'Assemblée qui l'a voté.

Nous avons demandé, entre autres choses, deux lois urgentes sur l'instruction obligatoire et sur le service militaire dû par tous les citoyens.

Nous avons émis le vœu de voir appliquer à notre pays un système d'impôt fonctionnant admirablement dans les pays voisins, impôt qui doit rendre nos finances plus florissantes que jamais et répartir les charges d'une manière judicieuse et équitable.

Nous avons cherché à mettre le remède à côté du mal, il ne nous reste plus qu'à montrer l'Allemagne devant l'Europe et notre tâche sera remplie.

Pour qui se reporte à deux siècles en arrière, les progrès du duché de Brandebourg, depuis cette époque, frappent d'étonnement, et l'on conçoit à peine que cet esprit de conquête qui, d'un petit duché, a fait l'empire d'Allemagne, n'ait pas plus tôt fait réfléchir l'Europe.

La Prusse est la seule puissance moderne qui se soit véritablement formée par les armes et que l'esprit tortueux de convoitise et l'ambition latente aient amenée à des résultats aussi grands.

Aujourd'hui, grâce à la Prusse ou à l'Empire d'Allemagne qui se fond avec elle, toutes les nations de l'Europe sont dans l'obligation d'employer toutes leurs ressources à fonder des arsenaux et à fabriquer des armes.

L'Allemagne est devenue un danger vivant pour tous les peuples; à l'astuce, à la ruse, au mensonge, à l'espionnage érigé en principe, elle joint une organisation militaire redoutable, en un mot, la mèche de ses canons est toujours allumée.

Grâce à Elle, l'industrie, les arts, les établissements utiles ne sont plus que des besoins secondaires, le premier de tout est de créer de nombreuses armées, d'inventer les armes et les engins de guerre les plus perfectionnés.

Grâce à sa bienfaisante action sur la civilisation, au lieu d'assurer leur bien-être et de soulager leurs misères, les peuples n'ont plus d'autres soucis que de se détruire mutuellement.

Heureux celui qui aura les plus foudroyantes machines de destruction et les plus nombreuses armées.

Gloire à l'Allemagne !

Gloire à son Charlemagne Guillaume !

Gloire à son Marchiavel Bismarck !

Grâce à leurs communs efforts, toute l'Europe ne sera plus qu'un vaste camp où la Prusse se préparera à de nouveaux triomphes !...

L'Alsace annexée, la Lorraine mutilée, forment la chaîne avec laquelle le Grand Bismarck tient en laisse tous les peuples Allemands.

Leur alliance à la Prusse cimentée par les crimes commis en commun, est resserrée encore par la prévision certaine d'une guerre future et par la crainte des représailles de la France.

Effrayés eux-mêmes de leurs actes, ils en pressentent instinctivement le châtiment.

Ah ! l'illustre diplomate qui préside aux tudesques destinées, savait bien pourquoi il commettait ce crime de lèse-nation qui a nom Alsace-Lorraine, il savait bien pourquoi il entraînait tous les peuples Allemands à souiller leur gloire et à se déshonorer sur le sol Français ; c'était pour mieux les tenir, c'était pour donner un corps à cette fiction de l'invasion Française avec laquelle il a fait marcher jusqu'ici toute l'Allemagne sous le même drapeau. Cette fiction, il le sait bien, sera tôt ou tard une réalité, et c'est par là qu'il a attaché au char de la Prusse tous les peuples Allemands.

Bon gré, mal gré, les souverains de la Saxe, de la Bavière, du Wurtemberg et de tous les autres Etats Allemands, autrefois maîtres chez eux, ne sont plus que des fonctionnaires Prussiens, et la destinée de leurs peuples est irrévocablement liée aux destinées de la Prusse.

L'Empire d'Allemagne fondé et consoidé par le sang et les ruines, tient toute l'Europe en éveil et inspire à toutes les nations une juste défiance.

Qui peut se dire à l'abri des désirs et de l'ambition germaniques?

A un aussi brillant empire il va falloir une marine de première ordre et ce ne sera pas trop de la possession de la Baltique et de la mer du Nord.

Aussi déjà la Hollande, la Suède, le Danemarck mettent-ils leurs armées sur un pied respectable, et cela sur l'invitation de la Russie qui leur donne l'exemple. L'Autriche et l'Italie feront de même.

En avant les fonderies de canons et les fabriques de projectiles!

Quittez vos foyers jeunes gens! il faut aller au camp, il faut prendre les armes. Le Grand vainqueur Allemand en veut à vos meubles, à vos pendules, à vos effets, aux robes de vos mères, aux bijoux de vos sœurs !

Défendez tout cela si vous le pouvez !

Qu'un million d'existences sacrifiées procurent un nouveau Principat à M. de Bismarck!

Une nouvelle couronne à son auguste Maître !

Une abondante curée à leurs féaux et amés serviteurs !

Allons debout, il faut partir !

Allons Francfort, Hanovre, Hesse, Schlewig-Holstein, Saxe, Bavière, Wurtemberg, etc., etc., rejoignez, fidèles vassaux, la bannière du Suzerain votre bienfaiteur, votre Messie bien-aimé.

En revenant, vous compterez vos veuves et vos orphelins et vous vous tiendrez prêts à recommencer, car on ne saurait payer trop cher l'insigne honneur d'avoir un Hohenzollern impérial pour chef suprême !...

Quand donc l'Europe sera-t-elle lasse et révoltée de ces crimes à main armée commis en plein soleil? Quand mettra-t-elle un frein à ces impudentes conquêtes? Quand exterminera-t-elle les reîtres cupides qui les accomplissent ?

Quant donc enfin les peuples, fatigués de tant de sang versé, comprendront-ils qu'ils sont faits pour s'aider et non pour s'égorger?

En attendant, vous tous qui avez vu l'ennemi
dans vos foyers, vous tous qui savez de quelle manière la guerre avec l'Allemagne doit être conduite,
silence! Etudions et préparons-nous, les frères Alsaciens et Lorrains gémissent sous le poids de leurs
fers, et attendent de nous leur délivrance, leur cœur
répète tout bas et le notre lui répond tout haut :

DELENDA GERMANIA !...

FIN

TABLE DES MATIÈRES

St-Amand. — Imprimerie de Destenay,

9 782013 542371